"互联网+"时代的

颠覆与创新

朱国玮 著

电子工业出版社
Publishing House of Electronics Industry
北京·BEIJING

内 容 简 介

本书主要介绍了互联网进化过程和国家"互联网+"战略的行动路线。具体内容涉及政府、产业、业和个人层面的丰富案例,旨在帮助读者了解在"互联网+"时代经济运行的变化与社会、商业、管理式创新,让读者掌握"互联网+"时代的行业发展趋势、管理变革。在此基础上,系统提升读者的创新识与创业素养。本书配套视频课已在"中国大学 MOOC"上线,读者可以登录网站观看学习。

本书适合作为 MBA、EMBA、EDP 等相关课程教材,也可作为高校创新创业教材,还可作为社会相人士的参考和学习用书。

图书在版编目(CIP)数据

"互联网+"时代的颠覆与创新 / 朱国玮著 . —— 北京:电子工业出版社,2017.9
ISBN 978-7-121-32701-8

Ⅰ.①互… Ⅱ.①朱… Ⅲ.①互联网络—应用—大学生—创业—高等学校—教材 Ⅳ.① G647.38-39

中国版本图书馆 CIP 数据核字 (2017) 第 228220 号

策划编辑:王二华
责任编辑:王二华
印　　刷:北京天宇星印刷厂
装　　订:北京天宇星印刷厂
出版发行:电子工业出版社
　　　　　北京市海淀区万寿路 173 信箱　　邮编:100036
开　　本:720×1000　1/16　　印张:15.5　　字数:348 千字
版　　次:2017 年 9 月第 1 版
印　　次:2024 年 9 月第 13 次印刷
定　　价:65.00 元

前言

伴随着通信、云计算、大数据、物联网等信息技术的爆发，催生了互联网经济的繁荣兴盛。互联网经济改变了人们的时空观念，并已融入人们的工作和生活方式中。2015 年，"互联网 +"被列为国家战略发展计划写入了《政府工作报告》，由此引发的"互联网 +"大讨论也一浪高过一浪，以不可阻挡之势席卷整个中国。

市面上陆续涌现的关于"互联网 +"方面的书籍，不下百余种。但读下来，很多读者要么被鸡汤式的华丽文字搞得"晕头转向"，要么就是被技术视角的干货弄得"因噎废食"。其实对于大多数读者而言，了解"互联网 +"无非想搞清楚三个方面的问题：第一，"互联网 +"时代为什么呼啸而至？第二，"互联网 +"时代到底颠覆的是什么？第三，在"互联网 +"时代的创新风口上怎么做？这其实就是本书想帮助读者理解的三个问题，即为什么，是什么，怎么办。

在对这三个问题的解答过程中，我们借鉴了哈佛商学院的案例教学方法，试图使读者对"互联网 +"给我们的工作和生活带来的变化有所认知，并能够深入探讨、解读背后的基本商业和管理规律或本质。所以，每章我们都以一个简单的案例开始，随后会提出三个与案例相关联的知识点，这就是我们提供给读者的一把把开启"互联网 +"黑匣子的密钥。之后，进一步运用给出的知识点来分析和解读开篇的案例。最后，会提出一些与知识点或案例相关的拓展应用与思考，让读者的视角更为广阔。

本书探讨的是互联网进化过程和国家"互联网 +"战略的行动路线。具体内容涉及政府、产业、企业及个人层面的丰富案例，旨在帮助读者了解"互联网 +"时代经济运行的变化，与社会、商业、管理模式的创新，让读者掌握"互联网 +"时代的行业发展趋势、管理变革。在此基础上，系统提升创新意识与培育创业素养。

"互联网 +"并不是空中楼阁，它只是站在了巨人的肩膀上，应对"互联网 +"不必惊慌失措、不必犹豫彷徨、不必黯然神伤。主动拥抱变化，并通过对变化的本质解读，来迎接一波波即将到来的变革浪潮。

本书配套的视频课程已在"中国大学 MOOC"上线，大家可以登录网站观看学习。接下来本书的内容还将在"学堂在线""喜马拉雅""得到"等慕课平台和知识分享平台陆续上线，为读者带来更为全面的阅读和学习体验。利用好碎片化的学习时间，让我们来一场说走就走的"互联网 +"时代的学习之旅！

朱国玮　于波士顿查尔斯河畔哈佛商学院

目录

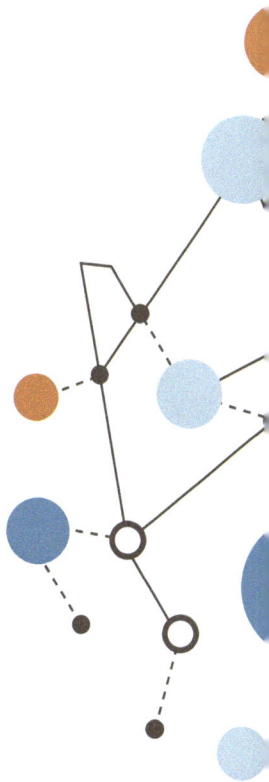

C PART 1

"互联网+"时代

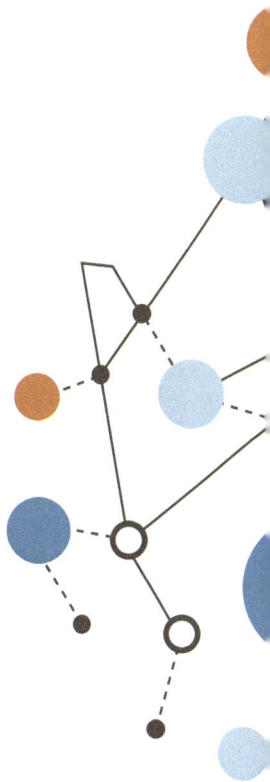

2015 年 3 月 5 日
国务院总理李克强《政府工作报告》
首次提出"互联网 +"

"制定'互联网 +'行动计划，推动移动互联网、云计算、大数据、物联网等与
代制造业结合，促进电子商务、工业互联网和互联网金融健康发展，引导互联网企
拓展国际市场。"

《政府工作报告

《关于推进"互联网 +"行动的指导意见》

（国发【2015】40）

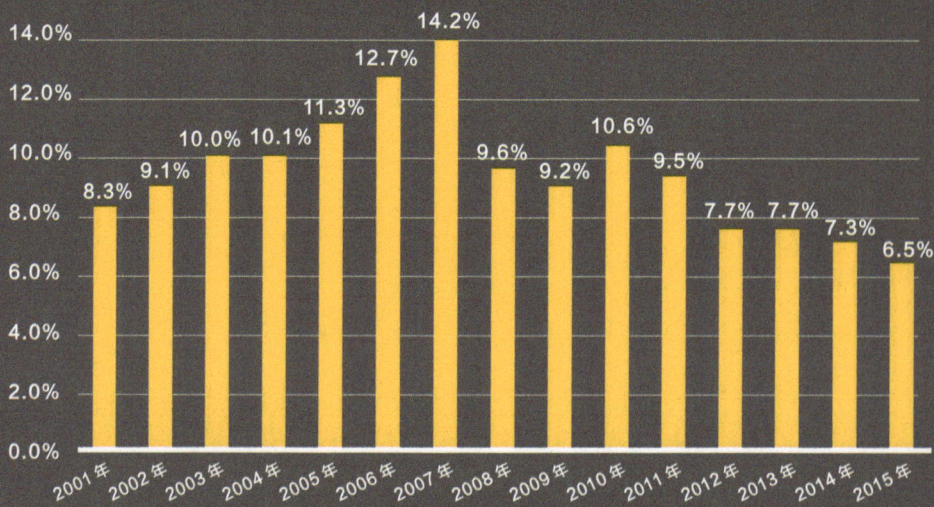

2001—2015 年中国 GDP 增长率

"互联网＋" 上升到国家战略

2015 年 3 月 5 日，国务院总理李克强同志在十二届全国人民代表大会第三次会议会上作政府工作报告时首次提出了"互联网＋"，报告明确提出："制定'互联网＋'行动计划，推动移动互联网、云计算、大数据、物联网等与现代制造业结合，促进电子商务、工业互联网和互联网金融健康发展，引导互联网企业拓展国际市场。国家已设立 400 亿元新兴产业创业投资引导基金，要整合筹措更多资金，为产业创新加油助力。"这标志着中国已将"互联网＋"上升到国家战略层面。

2015 年 7 月，国务院进一步印发了"关于积极推进'互联网＋'行动的指导意见"（国发〔2015〕40 号），明确了具体的发展目标：到 2018 年，互联网与经济社会各领域的融合发展进一步深化，基于互联网的新业态成为新的经济增长动力，互联网支撑大众创业、万众创新的作用进一步增强，互联网成为提供公共服务的重要手段，网络经济与实体经济协同互动的发展格局基本形成。到 2025 年，网络化、智能化、服务化、协同化的"互联网＋"产业生态体系基本完善，"互联网＋"新经济形态初步形成，"互联网＋"成为经济社会创新发展的重要驱动力量。

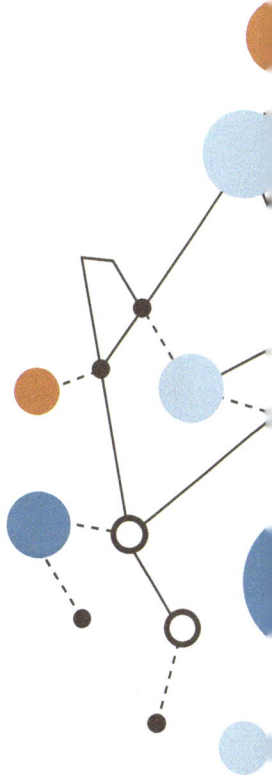

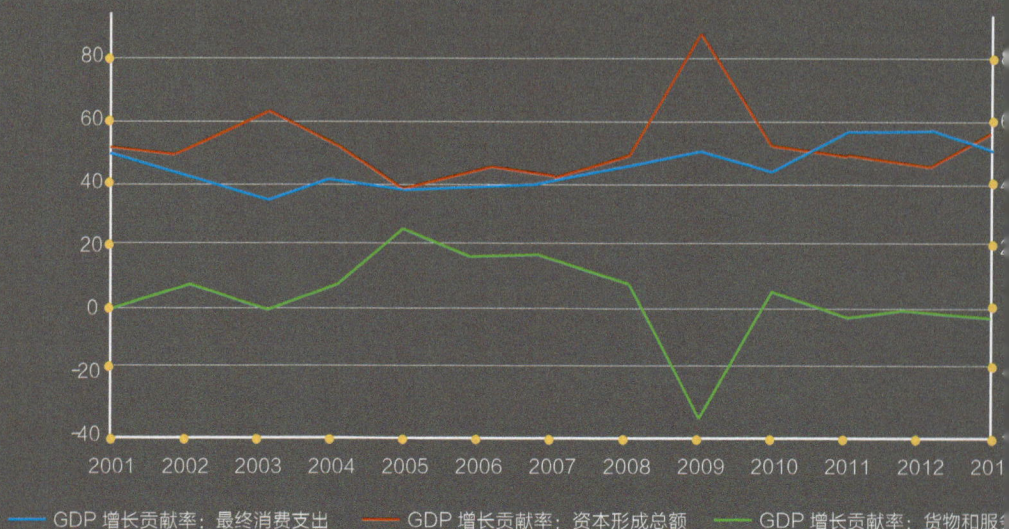

三种不同因素对 GDP 的贡献程度

"**互联网 +**"代表一种新的经济形态，即充分发挥互联网在生产要素配置中的优化和集成作用，将互联网的创新成果深度融合于经济社会各领域之中，提升实体经济的创新力和生产力,形成更广泛的以互联网为基础设施和实现工具的经济发展新形态。

微信公众号"中国政府网"《2015（政府工作报告）缩略词注释》

回看过去，中国在 2001 年正式加入世界贸易组织、在对外开放进一步扩大的背景下，中国经济进入了新的快速增长周期，但数据显示，从 2010 年第一季度起，中国 GDP 增速从 12.3% 回落到 2015 年第一季度的 7%，增长放缓持续了 20 个季度。如果不考虑 2008 年年底一揽子危机应对计划带来的增长，中国 GDP 增长率则从 2007 年第二季度 15% 的历史高点回落到 2014 年 7.4% 的低点，整体回落了 7 年，成为近年最长的回落周期之一。

一直以来，中国经济增长的动力因素主要包括四大方面：动力一，需求因素（包括出口、投资和消费）；动力二，要素投入因素（劳动力、资本和资源）；动力三，影响全要素生产率的因素（新技术革命、制度革命带来的要素升级和机构优化）；动力四，中国特色因素（扭曲生产要素价格、增加建设支出、刺激政策、政府企业化和压低福利保障支出）。中国通过改革红利，在全球化进程中低成本利用原有资源禀赋，释放出巨大的经济能量。但随着全球经济格局剧烈震荡，上述一、二、四类动力因素遇到困难。

当前，中国经济呈现出新常态，有以下几个主要特点。一是从高速增长转为中高速增长。二是经济结构不断优化升级，第三产业消费需求逐步成为主体，城乡区域差距逐步缩小，居民收入占比上升，发展成果惠及更广大民众。三是从要素驱动、投资驱动转向创新驱动。

世界各国经济发展的历史表明：在不同增长阶段上，经济依赖的主要动力有所不同，相应的发展方式也要进行调整。当一种动力从作用显著到式微时，开发新动力发展方式才具有紧迫性。

中国经济已进入仅依靠"直接推动需求扩大""加大原有要素投入"和"政府过多介入经济"（动力一、二、四）这类手段难以驱动的阶段。只有将发展方式从"主要依靠投入扩张"转向"主要依靠生产率提高"，中国经济潜在的增长率才会真正提高，长期可持续的新繁荣才会到来。在人口红利消失后，同所有发达国家一样，驱动经济增长的最有效动力，正是技术革命和制度创新，切实提高全要素生产率（动力三）。

"互联网+"把互联网的创新成果与经济社会各领域深度融合，推动技术进步、效率提升和组织变革，提升实体经济创新力和生产力，形成更广泛的以互联网为基础设施和创新要素的经济社会发展新形态。在全球新一轮科技革命和产业变革中，互联网与各领域的融合发展具有广阔前景和无限潜力，已成为不可阻挡的时代潮流，正对各国经济社会的发展产生着战略性和全局性的影响。

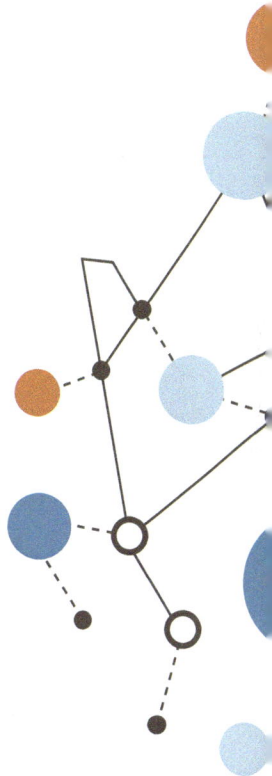

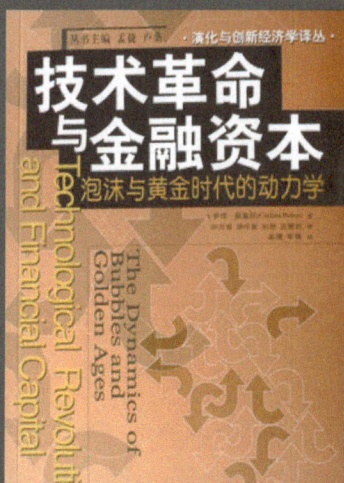

英国演化经济学 家卡洛塔·佩蕾思及著作

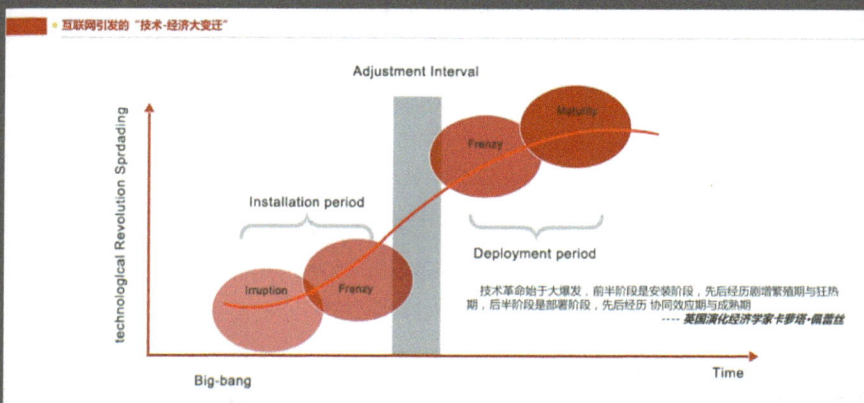

互联网引发的"技术-经济大变迁"

技术革命始于大爆发，前半阶段是安装阶段，先后经历着繁殖期与狂热期，后半阶段是部署阶段，先后经历 协同效应期与成熟期
——英国演化经济学家卡罗塔·佩蕾丝

"互联网＋"时代新基础设施

英国演化经济学家卡洛塔·佩蕾思认为，在过去的200年间一共发生了五次重要的技术革命，每一次技术革命都形成了与其适应的技术－经济范式。这一技术范式在技术的扩散期间，会对企业家、经理、创新者、投资者和消费者在个人决策以及他们的相互作用方面加以引导。在她看来，当下正在发生的第五次技术革命始于1971年，标志性事件为英特尔的微处理器问世，世界进入信息和远程通信时代。这一次技术革命发端于美国，然后扩散到欧洲和亚洲地区。并逐步形成了与其相适应的建立于微电子技术之上的信息和通信技术的信息密集型产业、网络结构／非集权的一体化、与规模经济结合的范围经济与专业化、知识成为资本／无形的价值附加值等技术－经济范式。

根据卡洛塔·佩蕾思的研究，每一次的技术革命都有两个不同的发展阶段，即导入期和展开期。在导入期，技术创新中的大量关键产业和基础设施在金融资本的推动下得以发展，但同时也会遇到来自旧范式的抵抗并产生各种矛盾，各种制度变革的呼声日益高涨。在展开期，技术革命的变革潜力扩散到整个经济中，为整个经济的发展带来的助益达到了极致。经济、社会活动的正常运作，有赖于基础设施发挥其支撑功能。随着经济形态从"工业经济"向"信息经济"加速转变，基础设施的巨变也日益彰显。短短几十年间，"互联网"从诞生到普及，再到升级为"互联网＋"这一新变革力量，技术边界不断扩张，从而引发基础设施层次上的巨变，才是至为重要的原因。

大力提升新信息基础设施水平，"互联网＋"才能获得不竭的动力源泉，在经济、社会发展中彰显威力。"互联网＋"依赖的新基础设施可以概括为"云、网、端"三个主要部分。

"云"是指云计算、大数据基础设施。生产率的进一步提升、商业模式的创新，都有依赖于对数据的利用能力，而云计算、大数据基础设施将为用户像用水用电一样，便捷、低成本地使用计算机资源打开方便之门。

亚马逊是提供"云计算"的一个典型案例。亚马逊公司（Amazon）成立于1995年，目前已是全球商品品种最齐全的网上零售商和全球第二大互联网公司，是全球电子商务的成功代表。最初，为了有效支持庞大的网购并发用户访问量和密集交易，尤其是在圣诞节等节假日期间，针对热销产品，亚马逊部署了大量的计算资源和存储系统。但是，这些为了满足高峰期需求而设计的系统，其运算能力在大部分时间里都是闲置的。最初，亚马逊把这部分富裕的存储服务器、带宽、CPU资源租给第三方使用，先是一些个人开

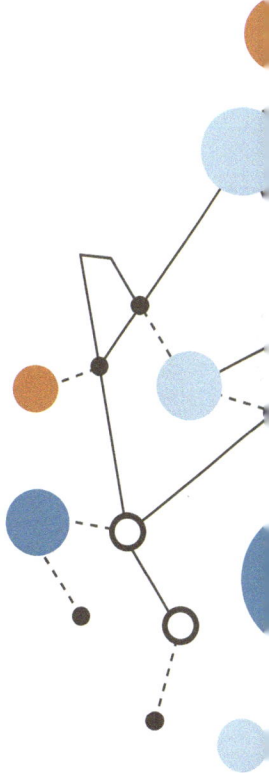

"互联网 +" 依赖的新基础设施

云、网、端

发者、程序员，后来是一些小企业，再后来是一些中型企业。随着租用者的增多，亚马逊专门成立了一个独立的子公司——亚马逊网络服务公司对这些资源进行管理。

2006 年亚马逊正式对外推出自己的"云计算"服务。目前，亚马逊能够向企业用户提供 20 多种"云计算"服务，并制定了非常灵活的付费方式。很多初创科技公司在业务尚未成型、资金不足的情况下，非常愿意通过即付即用的租用模式在亚马逊平台上快速搭建和发布自己的产品与服务，而不必购买 IT 基础设施（即操作系统）。通俗地讲，云计算就是通过互联网向用户提供公共 IT 服务，如计算、存储、运用等。

"互联网+"依赖的"网"不仅包括原有的"互联网"，还拓展到"物联网"领域，网络承载能力不断得到提高，新增价值持续得到挖据。物联网就是把传感器装备到各种真实物体上，通过互联网连接起来，进而运行特定的程序，实现远程遥控或者物与物的直接通信。射频识别标签、传感器、二维码通过接口与无线网络相连，赋予物体"智能"，从而实现人与物体的沟通和对话，或者物体与物体的沟通和对话。有了新兴的"云计算""大数据"服务作为支撑，物联网的发展将解决过去在数据存储、处理和分析上能力欠缺的问题，焕发出新的活力。

以用户设备为代表的终端，在云计算、大数据设施和应用服务软件的助力下，正成为大数据采集的重要源头和服务提供的重要界面。2015 年通信运营业统计显示，移动电话用户总数达 13.06 亿户，4G 用户总数达 3.86225 亿户。以智能终端为接入界面，互联网内容逐渐从门户网站主导的网页形式向异彩纷呈的 App 应用程序转变。App 应用程序更多以云计算服务为支撑，通过后台丰富的数据驱动，开发和发布的门槛低，创意受到极大激发。

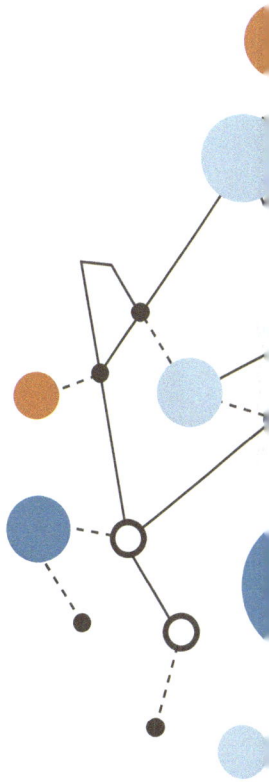

人类社会的历次信息革命

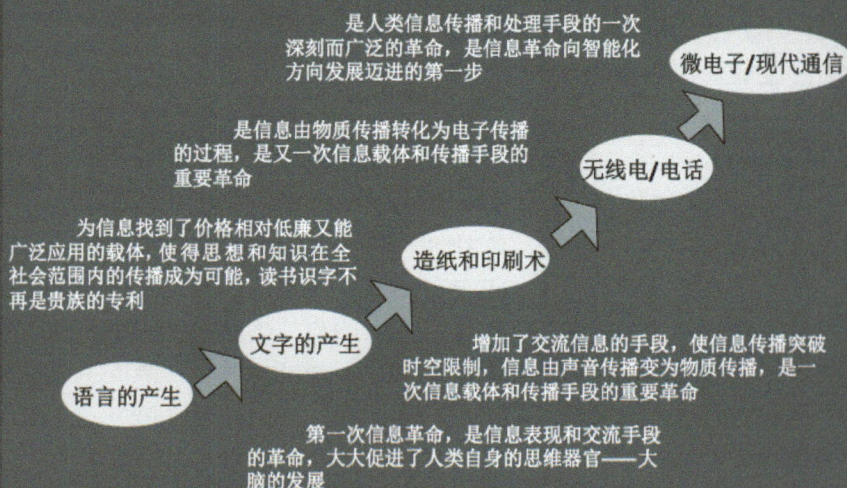

是人类信息传播和处理手段的一次
深刻而广泛的革命，是信息革命向智能化
方向发展迈进的第一步

是信息由物质传播转化为电子传播
的过程，是又一次信息载体和传播手段的
重要革命

微电子/现代通信

为信息找到了价格相对低廉又能
广泛应用的载体，使得思想和知识在全
社会范围内的传播成为可能，读书识字不
再是贵族的专利

无线电/电话

造纸和印刷术

文字的产生

增加了交流信息的手段，使信息传播突破
时空限制，信息由声音传播变为物质传播，是一
次信息载体和传播手段的重要革命

语言的产生

第一次信息革命，是信息表现和交流手段
的革命，大大促进了人类自身的思维器官——大
脑的发展

"互联网＋"新生产要素

　　传统意义上，生产要素是指进行社会生产经营活动时所需要的各种社会资源，是维系国民经济运行及市场主体生产经营过程中所必须具备的基本因素。经济学基本范畴中的生产要素包括劳动力、土地、资本、企业家四种。随着科技的发展和知识产权制度的建立，技术、信息也作为相对独立的要素投入生产。这些生产要素进行市场交换，形成各种各样的生产要素价格及其体系。

　　人类社会的各项活动与信息（数据）创造、传输和使用直接相关。信息（数据）历来都是作为一种无形的、依附于其他要素的非独立要素，通过优化劳动力、资本等要素的结构和配置来施加对生产力的影响。通过观察人类社会的历次信息革命，可以尝试总结其中的规律：语言——信息表现和交流手段的革命，促进了人脑的发展；文字——信息流动突破了时空限制；造纸和印刷术——信息获得的成本大幅降低；无线电／电话——由纸媒传播转化为电传播，内容突破了文字形式；微电子和现代通信技术——开始获得和使用全面、完整、系统的数据，向智能化迈出重要一步。

　　可以看出，信息技术的不断突破，在逐渐打破信息（数据）与其他要素的紧耦合关系，增强其流动性，以此提升使用范围和价值，最终改进经济、社会的运行效率。

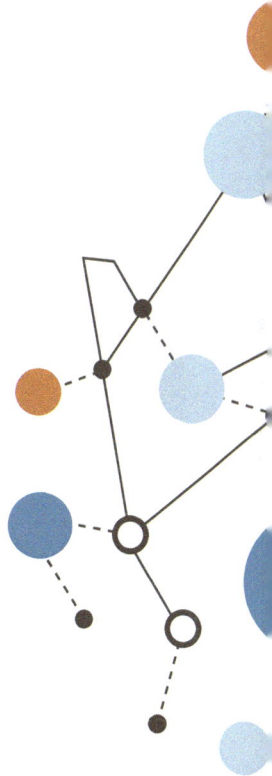

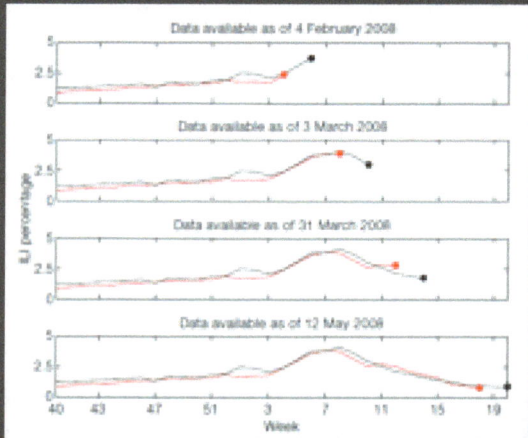

Data available as of 4 February 2008

Data available as of 3 March 2008

Data available as of 31 March 2008

Data available as of 12 May 2008

nature   Vol 457 | 19 February 2009 | doi:10.1038/nature07634

LETTERS

Detecting influenza epidemics using search engine query data

Jeremy Ginsberg[1], Matthew H. Mohebbi[1], Rajan S. Patel[1], Lynnette Brammer[2], Mark S. Smolinski[1] & Larry Brilliant[1]

Seasonal influenza epidemics are a major public health concern, causing tens of millions of respiratory illnesses and 250,000 to 500,000 deaths worldwide each year[1]. In addition to seasonal influenza, a new strain of influenza virus against which no previous immunity exists and that demonstrates human-to-human transmission could result in a pandemic with millions of fatalities[2]. Early detection of disease activity, when followed by a rapid response, can reduce the impact of both seasonal and pandemic influenza[3,4]. One way to improve early detection is to monitor health-seeking behaviour in the form of queries to online search engines, which are submitted by millions of users around the world each day. Here we present a method of analysing large numbers of Google search queries to track influenza-like illness in a population. Because the relative frequency of certain queries is highly correlated with the percentage of physician visits in which a patient presents with influenza-like symptoms, we can accurately estimate the current level of weekly influenza activity in each region of the United States, with a reporting lag of about one day. This approach may make it possible to use search queries to detect influenza epidemics in areas with a large population of web search users.

By aggregating historical logs of online web search queries submitted between 2003 and 2008, we computed a time series of weekly counts for 50 million of the most common search queries in the United States. Separate aggregate weekly counts were kept for every query in each state. No information about the identity of any user was retained. Each time series was normalized by dividing the count for each query in a particular week by the total number of online search queries submitted in that location during the week, resulting in a query fraction (Supplementary Fig. 1).

We sought to develop a simple model that estimates the probability that a random physician visit in a particular region is related to an ILI; this is equivalent to the percentage of ILI-related physician visits. A single explanatory variable was used: the probability that a random search query submitted from the same region is ILI-related, as determined by an automated method described below. We fit a linear model using the log-odds of an ILI physician visit and the log-odds of an ILI-related search query: $\mathrm{logit}(I(t)) = \alpha\,\mathrm{logit}(Q(t)) + \varepsilon$, where $I(t)$ is the percentage of ILI physician visits, $Q(t)$ is the ILI-related query fraction at time t, α is the multiplicative coefficient, and ε is the error term. $\mathrm{logit}(p)$ is simply $\ln(p/(1-p))$.

Publicly available historical data from the CDC's US Influenza

信息（数据）成为独立的生产要素，历经了近半个世纪的信息化过程，信息技术超常规速度发展，促成了信息（数据）和处理能力的爆炸性增长，大数据成为夺目现象级特征。数据除了作为必要成分驱动业务之外（如金融交易数据、电子商务交易数据），数据产品的开发（通过数据用途的扩展创造新的价值，如精准网络广告）更是为攫取数据财富提供了新的源泉。

从 2008 年年中到 2009 年年末很短的时间内，信息技术领域的不同部分遵循摩尔定律同期取得新进展「内存容量翻番；网络速度显著提升，而价格却持续下降；在存储介质上，普通硬盘逐渐被固态硬盘和闪存取代；CPU 性能增强（计算能力增强、核数增加）」，大幅度提高了现有的计算能力，为大数据的应用迎来了发展的新机遇。进入 2012 年，这种计算能力量级的全面提升，再加上对社交网络数据、机器数据等分析需求的释放，一个有利于大数据产业兴起的外部环境应运而生。一个大规模生产、分享和应用数据的大数据时代正在开启。

根据美国学者对 179 家大型企业和组织进行的研究，采用"数据驱动型决策"模式的企业生产力普遍可以提高 5% ～ 6%。相对于传统的实物经济，数据经济愈发显示出其价值增值。目前，在科学研究、教育与人力资源管理、医疗与健康服务、能源服务、城市管理、政务处理、国防军事、传统产业转型、金融业务创新方面，以及文化体育产业、零售行业、电子商务和互联网行业，国内外的大数据应用均取得了突出成就。尤其是经济领域，海量数据的积累与交换、分析与运用，产生了前所未有的洞见和知识，极大地促进了生产效率的提高，为充分挖掘要素的价值提供了超乎寻常的力量。

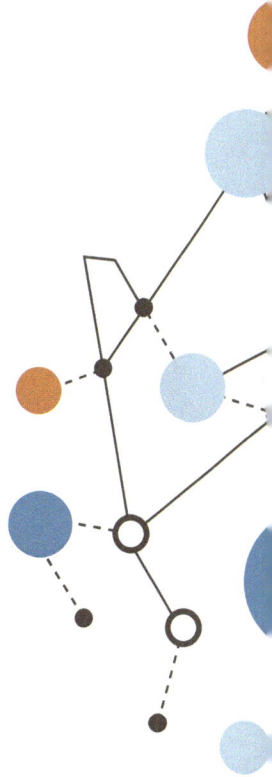

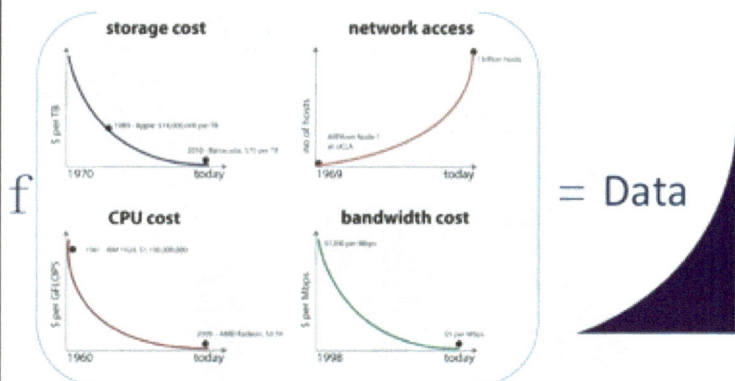

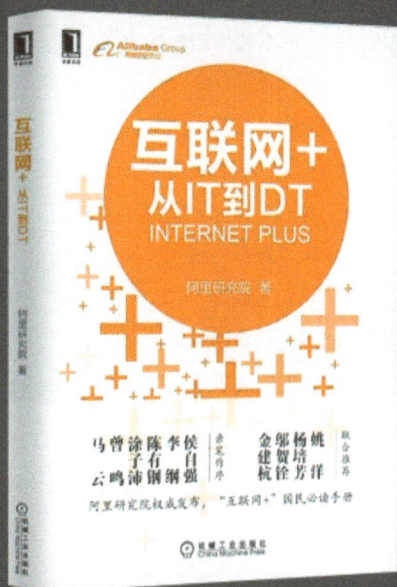

在美国，要求医生在发现新型流感病例时告知疾病控制与预防中心。但由于人们可能患病初期并不会前往医院就诊，往往在患病多日后实在受不了才会去医院。同时，疾控中心每周只进行一次数据汇总，信息传达到疾控中心也需要时间，因此，通告新型流感病例时往往会存在一两周的延迟。信息滞后两周的后果可能是致命的，会错过控制疫情大规模爆发的最佳时期。

在甲型H1N1流感爆发前几周，互联网巨头谷歌公司的工程师在《自然》杂志上发表了一篇引人注目的论文。它令公共卫生机构和计算科学家感到震惊和兴奋。文中解释了谷歌为什么能够预测冬季流感的传播：不仅是全美范围的传播，而且可以具体到特定的地区和州。

实际上，谷歌保存了多年来所有的用户搜集记录，每天收到来自全球超过30亿条的搜索指令，如此庞大的数据资源足以支撑和帮助谷歌完成这项工作。谷歌的工程师把5000万条美国人最频繁检索的词条和美国疾控中心在2003年至2008年间季节性流感传播时间的数据进行了比对。他们设立了一个系统，关注特定检索词条的使用频率与流感在时间和空间上的传播之间的联系。谷歌公司为了检测这些检索词条，总共处理了4.5亿个不同的数学模型。

在将得出的预测报告与2007年、2008年的美国疾控中心记录的实际流感病例进行对比后，他们的软件发现了45条检索词条的组合，他们的预测与官方数据的相关性高达97%。和疾控中心一样，他们也能判断出流感是从哪里传播出来的，而且判断非常及时。所以，2009年甲型H1N1流感爆发的时候，与习惯性滞后的官方数据相比，谷歌成为了一个更有效、更及时的指标。公共卫生机构的官员获取了非常有价值的数据信息。

IT时代是信息经济发展的初期阶段，知识通过软件实现了流程化，封闭分散、结构化、少量数据得到了利用，这是资本替代劳动力方式的显著进步。DT时代是信息经济发展的升级阶段，引入生产过程，劳动对象集中于数据本身，开放流动、结构多样、海量的数据是应用焦点。

从数据驱动交易（电子商务、金融业务等）向数据产品开发（数据创新使用形成价值，如搜索引擎、智能导航等）出发。数据焕发了新活力，即所有数据都是实时在线的、是被自然记录而不是有意收集的，数据应用构成了闭环（数据的每一次应用都导致业务的持续优化）。

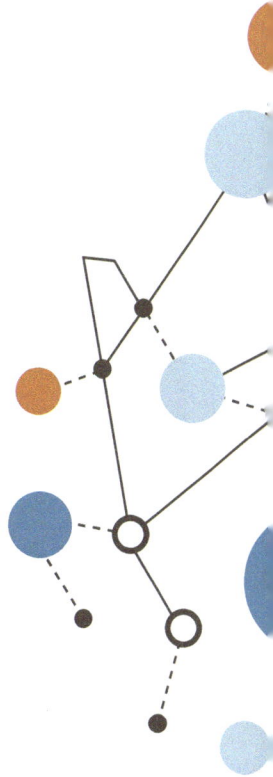

IT（信息技术）时代

DT（数据技术）时代

阿里全息大数据：真人识别+消费偏好+跨屏全网行为轨迹

跨屏、跨设备、CRM、ID打通

全息大数据
HOLOGRAPHY

跨媒体行为、LBS识别

还原消费者为之"人"

还原营销为之"生活"

马云一直在努力重新定义阿里这家公司，"阿里集团本质上是一家扩大数据价值的公司"。在给阿里员工的内部信件中马云宣称："以控制为出发点的IT（信息技术）时代正在走向以激活生产力为目的的DT（数据技术）时代。"

　　阿里未来十年的目标就是建立"互联网＋"时代中国商业发展的基础设施，即"云端大数据"。在马云眼中，阿里的大数据战略"不仅仅是技术的升级，而是思想意识的巨大变革"。

　　纵观阿里近些年的收购逻辑，可以从获取用户数据的角度去分析理解。阿里健康是为了分析解读药品的相关数据；滴滴、快的和高德地图是为了解析用户的出行交通数据；微博和陌陌是为了获取用户的社交关系数据；优酷、土豆、阿里影业和光线传媒是为了分析解读用户在线上的娱乐数据；恒生电子是为了获取证券交易的数据；菜鸟网络是为了获取用户物流的数据；蚂蚁金服和支付宝是为了获取用户的支付数据；口碑外卖和饿了么是为了获取用户的餐饮服务数据；淘宝、天猫是为了获取用户的交易数据。

　　这样说来，阿里巴巴这个庞大的集团公司倒是很像一家数据分析公司。在生产要素层次，"数据投入"更大量地替代着"物质投入"（云存储能力持续增强），数据利用的效率也进一步提高（大数据分析生成新知识）。数据技术与能源技术、机械技术一起驱动着经济的强劲增长势头。

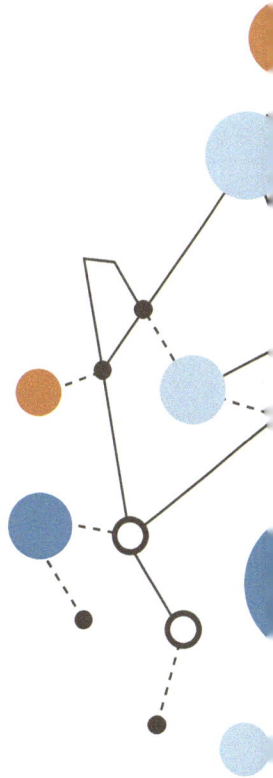

"互联网＋"时代的新分工体系

在云计算和大数据之前，商业运作的基本过程是"结构化的数据附着于结构化的流程"，而现在的形势则正在转向"非结构化的数据驱动非结构化的流程"。在互联网时代，全方位的实时数据直接驱动商业决策，企业必须改变自己的流程来适应流动的、非结构化的数据，而不是对数据削足适履。最适合这种数据特征的运作模式将是一张新的网：实时协同的价值网。

数据的挖掘只是其价值的一个方面，更大的价值在于数据的交换／分享所创造的价值。这是因为：一方面，数据与物质不同，它具有很强的复用性，而且大多数情况下，数据被分享得越多，其价值也越大；另一方面，既然知识必然地分布于不同的个人和组织之中，那么唯有通过分享和交换机制让大数据流动到有相关知识的个人或组织之中，才能够挖掘出数据的价值。

维基百科创始人 吉米·威尔士

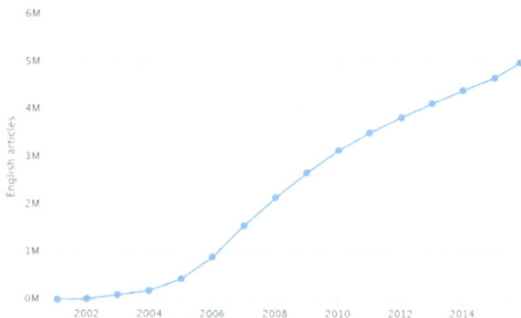

维基百科英文词条数目变化

1999 年 10 月 27 日，一则有关《大不列颠百科全书》的新闻吸引了一个在网络世界里探寻机会的中年人，他叫吉米·威尔士。这则新闻让他获知，《大不列颠百科全书》上线一周，因为难以承受每天涌来的 1500 万读者，不得不放弃免费承诺，宣布向用户收取 69.95 美元的年费。刚刚走上数字化道路的《大不列颠百科全书》的这一举动，让威尔士看到了开创自己全新事业的可能性。不久后，一个"开放""免费"的网络百科全书 Nupedia 上线了，创办者就是吉米·威尔士。

　　不过迎接吉米·威尔士的并不是他期待的成功，百科全书虽然挂在线上，运用的却是和《大不列颠百科全书》一样的方法。作为维基百科的创始人，吉米·威尔士最初只是以一种非常传统的方式开始。他说："我雇用了哲学领域的人来管理它，组织了一个每个条目由 7 个阶段组成的过程。"在传统精英知识汇聚的路上，似乎没有人能比《大不列颠百科全书》做得更好。威尔士 18 个月的努力和 25 万美元的投资只换来 12 个词条。

　　吉米·威尔士在对朋友倾诉烦恼时，偶然得知了一种成本很低却可以汇集广泛知识的编辑软件，"维基"就这样与他不期而遇了。"维基"是一款提供知识库的应用软件，容许和接纳任何人自由地共同参与文本的编辑与书写。它开启了互联网所特有的"人人参与，共同协作"的"维基"模式。

　　于是，一个以"维基百科"命名的网络百科全书——Wikipedia 在 2001年 1 月 15 日正式上线。抱着期待和不安的心理，威尔士输入了第一个词条："世界，你好！"

　　此后，1 个月，1000 条；8 个月，1 万条！在威尔士开设维基平台的第一年，普通人创建编撰了超过 2 万条的条目，平均每月 1500 条。2015 年 11 月 1 日，在介绍一种澳大利亚东部罕见的灌木植物 Persoonia terminalis 的词条发布后，维基百科宣布自己的词条数目达到了 500 万的新高峰。在 14 年的时间里，维基百科积累了约 30 亿个单词、1800 万个参考条目和 30TB 的数据。维基百科英文词条数：500 万；总词数，29 亿；编辑人数：126672 人 / 月；页面阅览量：80 亿次 / 月。

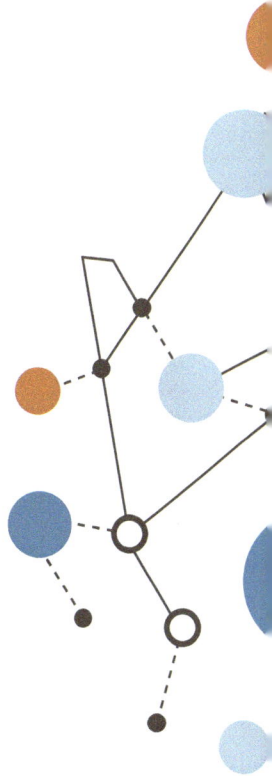

经济学家 亚当·斯密

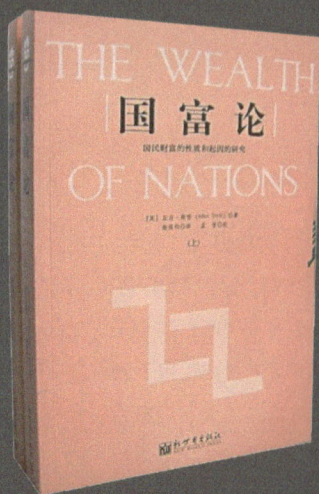

经济学家亚当·斯密认为，分工的起源是由于人的才能具有自然差异，起因于人类独有的交换与易货倾向。交换及易货系属私利行为，其利益决定于分工，假定个人乐于专业化及提高生产力，经由剩余产品之交换行为，促使个人增加财富，此等过程将扩大社会生产，促进社会繁荣，并达到私利与公益之调和。分工促进劳动生产力提高的原因有三个：第一，劳动者的技巧因专业而日进；第二，由一种工作转到另一种工作，通常需损失不少时间，有了分工，就可以免除这种损失；第三，许多简化劳动和缩减劳动的机械发明，只有在分工的基础上方能实现。

劳动生产力上最大的进步，以及运用劳动时所表现出的更强的熟练、技巧和判断力，似乎都是分工的结果。但分工的深化也意味着交易成本（包括协作成本）的上升。 在工业时代的供应链——一种小规模协作里，其内部信息和数据的协同存在着很多困难，信息时代要构建一个立体、多维、大范围的数据交换和分享机制，就更为不易。从根本上来看，互联网和云计算的根本优势就在于能够支撑起大规模、社会化的协作。随着企业越来越走向开放化，其边界发生漂移，原来被企业各自IT系统锁定和凝固于企业内部的商业流程，或只存在于中小范围供应链里的商业流程，将被释放到一个可以实现大规模协作的商业平台上。

信息技术的突破，特别是"互联网＋"时代，则有可能在多个层次上破解工业时代"分工深化"与"交易成本上升"之间的相互锁定，进而提供一套新高度上的分工协作体系，这将大大突破工业经济时代的可能性边界，极大地扩展社会经济的新边疆。

根据观察，新的分工和协作表现出如下特点。

其一，新的分工体系将变得更为细化。协作将走向大规模、实时化、社会化。分工／协作的经济学语境与工业时代已截然不同。工业时代的分工／协作是一种基于分工的协作，而信息时代的分工／协作则是协作前提下的分工。经济角色的含义也将发生重大变化。比如，消费者正在转变为产消合一者，企业组织正在转变为开放社区，员工正在转变为知识化的专业人士。

互联网让企业内部的管理成本和外部交易成本都有所下降，但后者的下降速度远快于前者。这种内外下降速度上的不一致带来了一个重要的结果："公司"这种组织方式的效率大打折扣，"公司"与"市场"之间的那堵墙也因此松动了。从价值链的视角来看，研发、设计、制造等多个商业环节都出现了一种突破企业边界、展开社会化协作的大趋势。

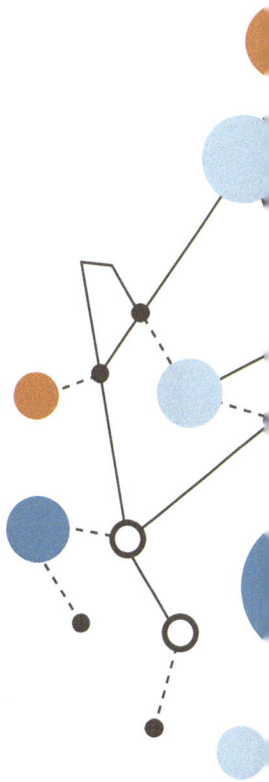

中国网民规模和互联网普及率

来源：CNNIC 中国互联网络发展状况统计调查   2015.12

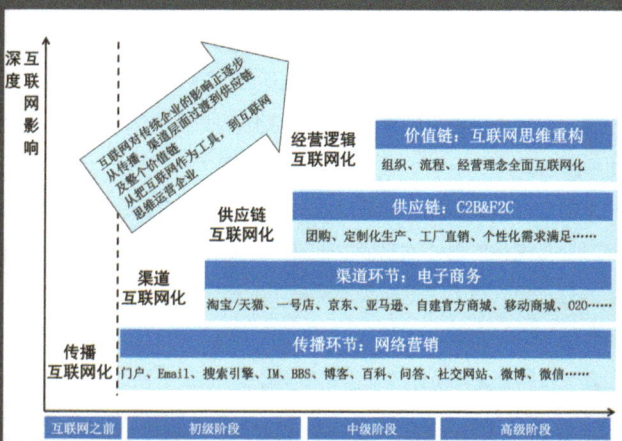

互联网思维

　　互联网进入中国已经 20 多年。经过多年的发展，互联网已经成为一种在社会中广泛应用和渗透的基础设施。根据中国互联网络信息中心 (CNNIC) 发布的《第 37 次中国互联网络发展状况统计报告》显示，截至 2015 年 12 月，中国网民规模达 6.88 亿，全年共计新增网民 3951 万人。互联网普及率为 50.3%，较 2014 年年底提升了 2.4 个百分点。高速通信网络的发展以及互联网、智能手机、智能芯片在企业、人群和物体中的广泛安装，为"互联网＋"奠定了坚实的基础。

　　在中国，企业和组织的"互联网化"的历程大体上可以分为以下四个阶段。

　　互联网开始出现后，出现了门户、BBS 等信息展示类产品，主要解决的是信息不对称问题。所以，最早的互联网应用在传播层面，这也是最容易被互联网影响的价值链环节，无论是 Web1.0 还是 Web2.0，变化的是信息展示方式，从门户到社交媒体，从微博到微信，传播效率由低到高，沟通方式由单向、双向到多向，不变的是"在合适的时间、把合适的信息、以合适的形式、通过合适的媒介、传递给合适的人"。

　　发展到第二阶段，企业和组织开始尝试渠道的互联网化，当第一批"先驱"变成"先烈"，2003 年"非典"成为电子商务具有实质意义的元年。当人们越来越接受互联网环境和网络消费之后，淘宝、京东等一批电商渠道网站也正式掀起全面的电商浪潮。

　　在互联网深度影响了传播和渠道环节之后，被重构的是产品和供应链环节。当前如火如荼正在发生的是通过前端与消费者的高效、个性、精准的互动，倒逼生产方式的柔性化及整条供应链围绕消费者的全面再造。小米手机和海尔就是很好的例子。

　　传统企业和组织的互联网转型，不能简单地理解为互联网化和信息化。在经历了传播互联网化、渠道互联网化和供应链互联网化之后，将要发生的是整个经营管理逻辑的互联网化。也只有完成了整个经营逻辑的互联网化，才可能真正做到转型成功。

　　管理学家迈克尔·波特基于工业化生产流通体系，在企业管理方面提出了"价值链"理论。而在互联网经济日益蓬勃发展的今天，这套理论也将进一步得到发展和创新。

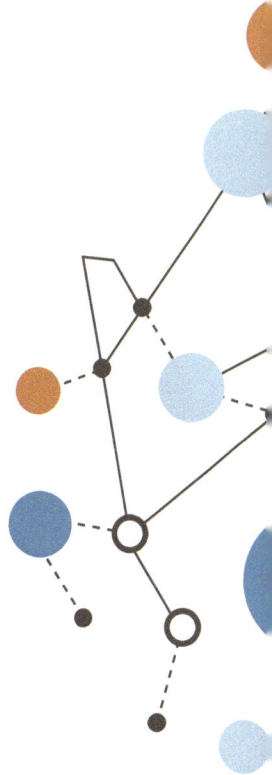

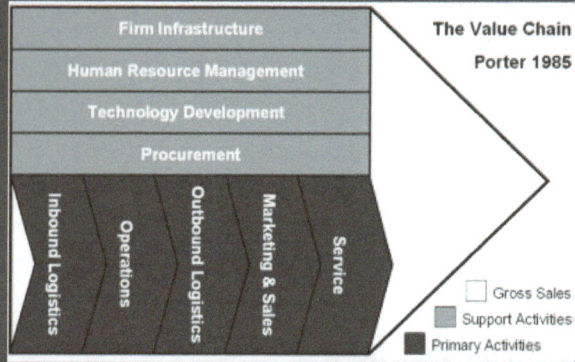

The Value Chain
Porter 1985

Firm Infrastructure	
Human Resource Management	
Technology Development	
Procurement	

Inbound Logistics · Operations · Outbound Logistics · Marketing & Sales · Service

Gross Sales
Support Activities
Primary Activities

管理学家 迈克尔·波特

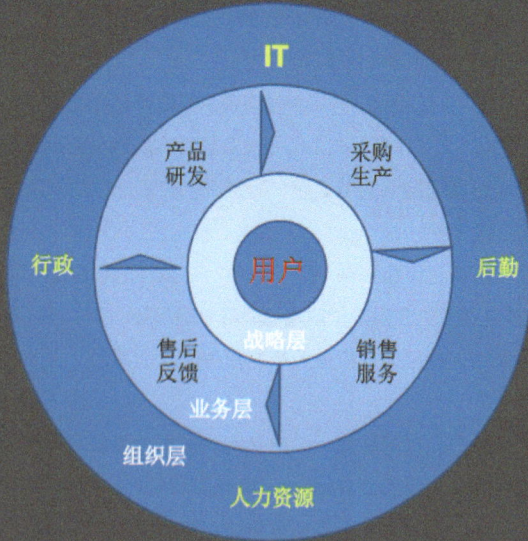

IT

产品研发　采购生产

行政　用户　后勤

售后反馈　销售服务

战略层

业务层

组织层

人力资源

价值环理论

互联网的发展，使得大数据、云计算、社会化网络等技术成为基础设施，用户和品牌厂商之间得以更加便捷地连接和互动，不再只是销售或服务人员去面对终端用户，用户也越来越多地参与到厂商的价值链各个环节。传统的价值链模型会被互联网技术和思维进行重构，经过互联网化改造的"价值链"，最终变成互联网化的"价值环"。

在这样的"价值环"中，圆心是用户。战略制定和商业模式设计要以用户为中心，业务开展也要以用户为中心，组织设计和企业文化建设更要以用户为中心。

战略业务、业务层和组织层都围绕着终端用户需求和用户体验进行设计。这就是互联网时代的"价值环"模式。

在业务层面，用户端和供应链端连接起来，形成了一个闭环，将不断地实现价值动态的传递。用户将需求反馈至研发生产，研发生产形成产品或服务再传递到销售端，销售端通过接触用户又形成第二次的循环。这种经过互联网思维改造的"价值环"模式，将给传统商业生态和商业理论带来深刻的影响。

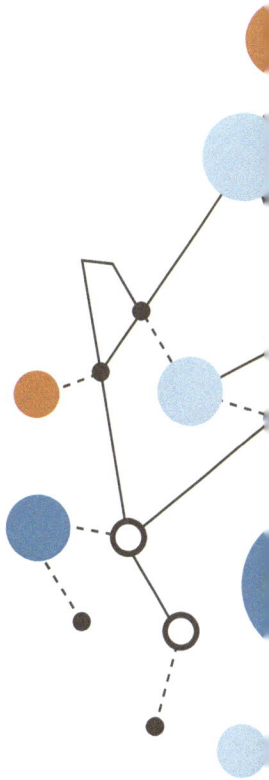

PART 2

"互联网＋"时代的思维模式

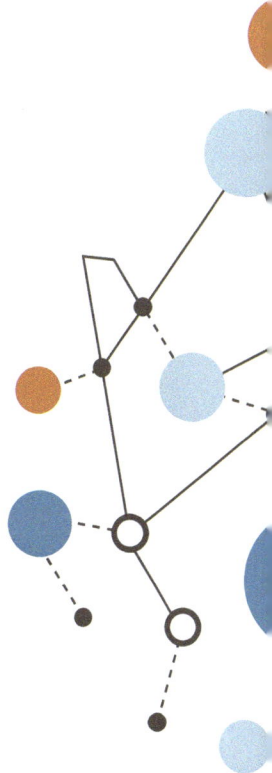

第十届作家榜·全民阅读节
网络作家榜

第一名：唐家三少

籍贯：北京
版税：11000 万元
年龄：34 岁
经典代表作：《斗罗大陆》

第二名：天蚕土豆

籍贯：四川德阳
版税：4600 万元
年龄：26 岁
经典代表作：《大主宰》

第三名：辰 东

籍贯：北京
版税：3800 万元
年龄：34 岁
经典代表作：《完美t

案例：起点中文网

2016 年 3 月 25 日，第十届作家榜子榜单"网络作家榜"正式发布，这张中国网络作家富豪榜单搅动了出版业，将大众目光吸引到原本看似低调的作家群体。榜单上前三甲被上届三甲：唐家三少、天蚕土豆、辰东占据。连续三年霸占榜首的网络"大神"唐家三少，再次以绝对优势——1.1 亿元的年度版税收入登顶冠军，这个数字不仅是他去年的 2.2 倍，也接近第二名 (4600 万元)、第三名 (3800 万元) 和第四名（2800 万元）的年度版税收入总和。这是作家榜发榜十届以来，首次有作家凭写作成就过亿身价。

占据榜单近八成的网络作家都来自一个叫做"起点中文网"的网络文学平台。起点中文网是目前最大的原创网络文学网站之一，于 2002 年 5 月成立。其前身是 2001 年 11 月由一批玄幻写作爱好者发起成立的玄幻文学协会。玄幻文学在西方兴起于 19 世纪，而中国大陆的武侠玄幻文学发端于 20 世纪末，长久以来被置于主流文学之外。起点以玄幻文学起家，后来作品题材拓展到武侠、都市、历史、军事、游戏、竞技、灵异、科幻等多种类型，为类似于这样"非主流"作品的写作爱好者与读者提供了一个交流平台。

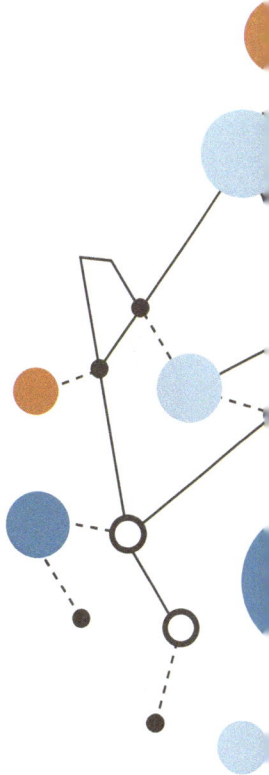

起点中文网作品：《盗墓笔记》

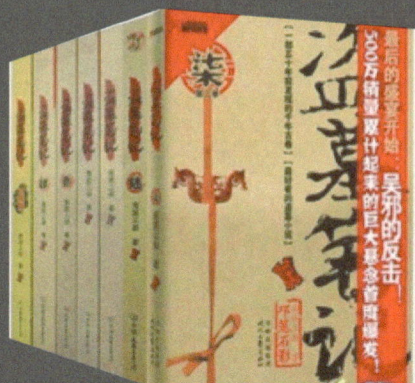

《盗墓笔记》出版物

《盗墓笔记》影视

《盗墓笔记》网络游戏

在起点发布作品几乎没有门槛，有兴趣的"作者"只需要做的是在起点网站申请成为起点作家，填写相关个人信息，并上传 3000 字左右的作品作为开篇部分。起点工作人员会在通过审核后 48 小时内开通专栏。在作者上传作品后，起点会根据作者公布的内容、篇幅、质量和题材上的要求及有关法律法规审核决定是否收录作品，而这一流程与出版相比便捷许多。作者与起点签约，将作品版权授权给起点，作品在平台上接受读者的订阅，同时起点围绕着作品进行全版权运营，将作品改编成影视作品或出版纸质书，凭借作品创造的价值由作者与起点分成共享。

为数众多的作者发表各自喜好的作品，拥有不同"口味"爱好而又未被实体书籍满足的读者也纷至沓来。起点的原创作品在连载的过程中，新章节一经更新，读者就能迅速读到；读者可以与作者交流阅读体会，甚至读者的意见可能影响作品的后续走向，作者与读者之间史无前例地相互靠近。起点采取章节付费，起始章节向读者免费，读者可以根据免费阅读的部分判断自己对作品的兴趣，从而决定是否为后文付费；由于是按章节付费，如果在阅读过程中，不想继续阅读下去，可以停止付费。读者可以对作品的文笔、情节、内容等方面进行评价，通过评价系统对作品给出相应的评价分级，这本书到底是"不知所云"还是"值得一读"，只需"随便看看"还是"经典必读"，一经评价就见分晓。

起点中文网构造了一个平台，读者被丰富的网络文学作品吸引而来，作者因庞大的阅读受众而聚集于此。起点为平台设立规则，让读者以较为低廉的价格换取高质量的阅读体验，让作者以最贴近受众喜好的作品获得物质收益，让读者与作者的互动交流促进双边人群的聚集与壮大。起点围绕作品版权探索更多的价值增长点，逐渐将影视公司、出版社、游戏开放商等也纳入平台的视野。

意大利经济学家 帕累托

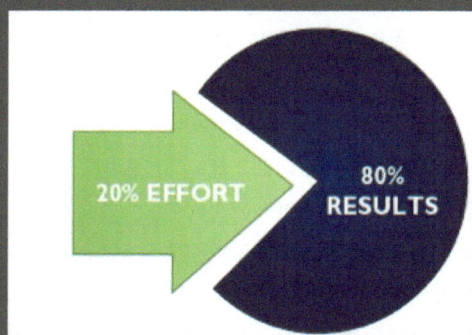

20% EFFORT

80% RESULTS

投入与产出的不平等关系

二八定律与长尾理论

1897 年，意大利经济学家帕累托偶然注意到 19 世纪英国人的财富和收益模式。在调查取样中，他发现大部分的财富流向了少数人手里。同时，他还从早期的资料中发现，在其他的国家这种微妙关系也一再出现，而且在数学上呈现出一种稳定的关系。于是，帕累托从大量具体事实中发现：社会上 20% 的人占有 80% 的社会财富，即财富在人口中的分配是不平衡的。

与此类似，管理学上发现通常一个企业 80% 的利润来自它 20% 的项目。心理学的研究也表明 20% 的人身上集中了人类 80% 的智慧，他们一出生就鹤立鸡群。人们还发现生活中存在着许多不平衡的现象，如 20% 的事件占据人们 80% 的时间，在众多朋友中只有 20% 的朋友经常联系，而 80% 的朋友则疏于往来。

因此，"二八定律"（帕累托法则）成了这种不平等关系的简称，不管结果是不是恰好为 80% 和 20%。习惯上，"二八定律"讨论的是顶端的 20%。而非底部的 80%。人们采用"二八定律"，用以计量投入和产出之间可能存在的关系。

对于"二八定律"的解读有几点需要进一步说明。

首先，确切的比例几乎永远不会是 80/20，实际上很多市场的数据表明这一数字可能是 80/10，甚至更低。如果你开始质疑 80 加 10 不等于 100，那么你已经发现了"二八定律"的第二个令人迷惑的地方。80 和 20 是两种不同事物的比重，因此没有合计为 100 之说。前者是销量的比重，后者是产品的比重。最致命的误解之一就是把 80/20 看成是一个指导方针：既然存在 80/20 的规律，那不妨只经营那 20% 的产品，用它们来实现大多数销量即可。这种想法源于这样一种认识："二八定律"法则本质上是对差异化经营的一种鼓励，因为只要你猜对了，少数产品就能对你的企业做出不成比例的巨大贡献。问题的关键是就算 20% 的产品能带来 80% 的销量，我们也没理由不去经营其他 80% 的产品。

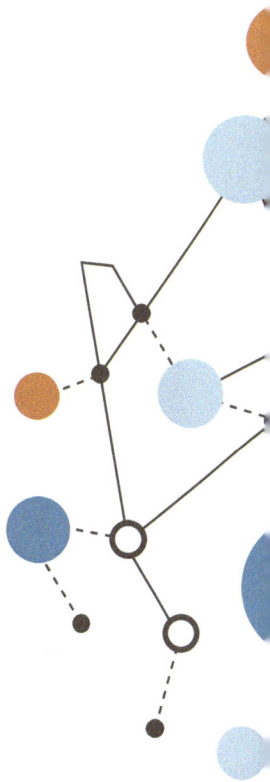

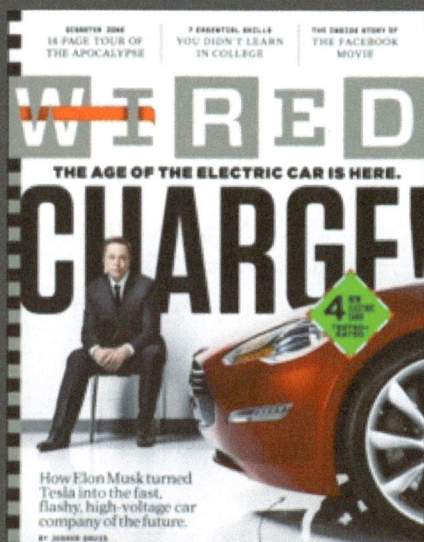

《连线》杂志　克里斯·安德森

作为《连线》杂志的编辑，克里斯·安德森的工作之一就是发表有关技术趋势的演讲。为此，他会经常拜会一些企业的 CEO。一次当他拜会了 Ecast 公司（一家"数字点唱机"公司）的首席执行官范·阿迪布，在谈话的过程中，范·阿迪布让安德森猜猜一个比例："收录在点唱机中的一万张专辑中有多少张能每一季度至少被点播一次？"

数字点唱机看起来与普通的点唱机没有什么区别：外壳巨大，装着扬声器和闪烁的灯，酒吧里经常能够见到。不同之处是，数字点唱机并不是装上 100 张 CD，而是通过宽带与互联网连接，顾客们可以在数千首从网上下载并存储在硬盘上的曲目中做出选择。

直觉告诉安德森这是一个狡猾的问题，经验上"二八定律"似乎适合任何地方，根据这个定律，正常的答案应该是"20%"。但范·阿迪布提醒，在数字产业中，会有点不同。于是安德森决定冒险一试，大胆地说出一万张专辑中有 50% 能在每一季度中至少被点播一次。

"正确的答案是 98%，"范·阿迪布说，"太不可思议了，不是吗？连我自己也大吃一惊！"他把这个现象称为"98% 法则"，非热门音乐的集合市场巨大无比，而且实际上无边无际。

于是 Ecast 公司添加了更多的曲目，使曲库中的专辑远远超过了大多数音乐店的存货，延伸到了利基市场和亚文化世界。公司新添的曲目越多，销量就越大。而听众对非热门音乐看起来有着无限的需求。

确实，虽然这些曲子销量并不大，但它们毕竟全都有人点。而且，由于它们不过是数据库中的几个字节而已，几乎毫无存储和供货成本，所有这些零星的销售就聚集成了可观的收益。

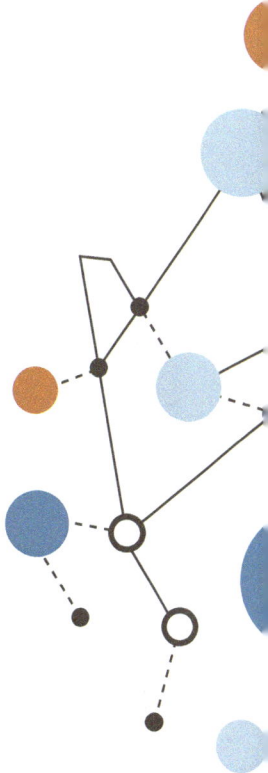

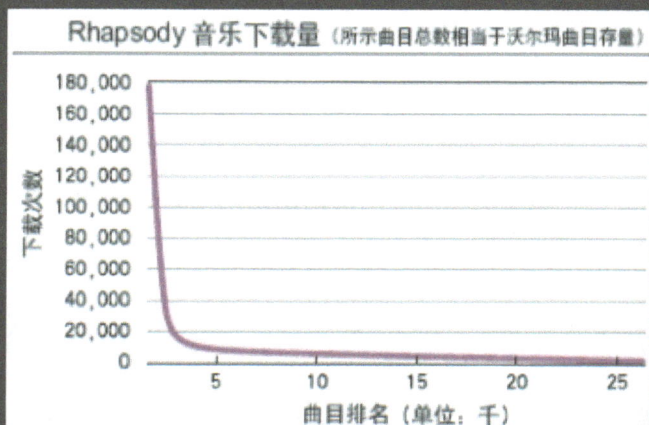

Rhapsody 音乐下载量（所示曲目总数相当于沃尔玛曲目存量）

下载次数
180,000
160,000
140,000
120,000
100,000
80,000
60,000
40,000
20,000
0

曲目排名（单位：千）
5　　　10　　　15　　　20　　　25

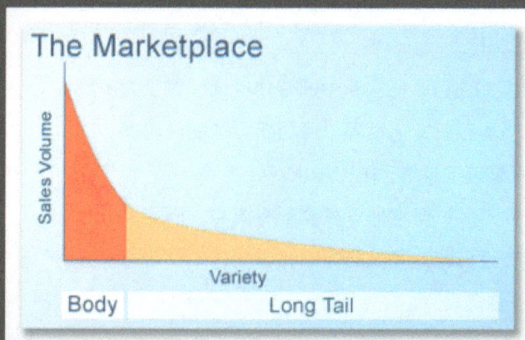

惊叹之余，好奇的安德森并未就此停歇，而是开始了一项研究，从亚马逊到 iTunes，安德森考察了新兴数字娱乐业的所有巨人企业，发现它们具有相似性，情况都是一样的：大热门很棒，但无数利基市场正崛起为一个广阔的新市场。

　　苹果公司说 iTunes 网上音乐店的 100 万首曲目中每一首都至少被卖过一次。Netflix 估计它的 25000 部 DVD 中有 95% 能在每个季度至少租出去一次。而针对亚马逊的研究也发现，排在前 10 万名中的书有 98% 能每个季度至少卖出一本。从一个企业到另一个企业，同样的故事在重复地发生着。

　　安德森的研究得到了 Rhapsody 一家在线音乐公司的支持，他们提供了一个月的顾客消费数据，根据这些数据，安德森绘制出相应的图形，他意识到那种曲线与之前看过的任何需求曲线都截然不同。

　　根据流行度排序，开始的形状与其他需求曲线很相似。最前端表明，几首大热门曲目被下载了无数次，接下来，曲线随着曲目流行度的减低徒然下坠。但有趣的是，它一直没有坠至零点。当找到排名第 10 万的那首曲目，把图放大，结果发现它的月下载量仍然是千位数的。在它后面，曲线一直在不断延伸：第 20 万首，第 30 万首，第 40 万首，只要顺着往下看，总能看到需求。在曲线的末端，曲目的月下载量只有 4 ~ 5 次，但仍然没有降低零点。

　　在统计学上，这种形状的曲线被称为长尾分布，因为相对于头部来说，它的尾巴特别长。于是安德森将他的研究以"长尾理论"命名，并在 2004 年 10 月在《连线》杂志上发表，迅速成为这家杂志历史上被引用最多的一篇文章。

　　在这篇文章中安德森得出了三个主要结论：第一，产品种类的长尾远比我们想象的要长；第二，现在我们可以有效地开发这条长尾；第三，所有利基产品一旦集合起来，就可以创造一个可观的大市场。

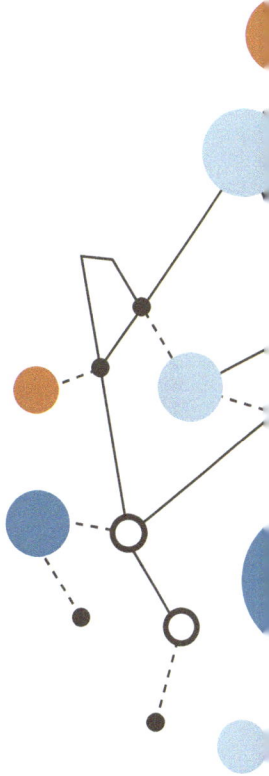

美国经济学家 钱德勒

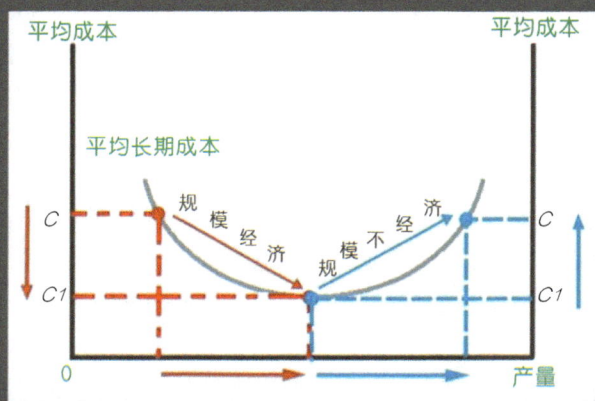

规模经济与规模不经济

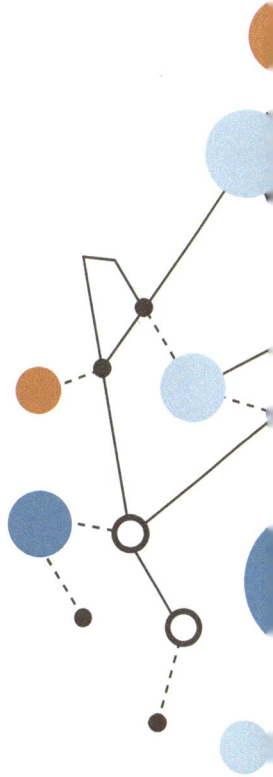

规模经济与范围经济

工业化时代，企业更多地去实现规模经济，即平均长期成本随产量的增加而递减。换言之，如果收益随着规模的扩大而递增，则是规模经济的；反之，则是规模不经济的。规模经济反映的是在资本专用性条件下的单一品种大规模生产。

在企业实践中，长期平均成本的降低源于更高的专业化程度、运输和采购原材料方面的经济性、价格谈判上的强势地位，以及随着产量增加导致的学习效应。在供应不足、需求相对单一的工业化时代，规模经济大行其道。

1908 年，福特汽车公司开发出世界上第一条流水线。第一年，T 型车的产量达到了 10660 辆，创下了汽车行业的记录。在 T 型车取得巨大的市场成功以后，亨利·福特不断改进生产线，几乎把单一型号大批量生产的潜力发挥到了极致。

福特模式充分体现了"规模经济"的理念，其核心是通过产量的规模化、生产过程的标准化和高效率，来持续降低产品和服务的单位成本。福特汽车公司的口号是"你可以自主选择你喜欢的汽车的颜色，只要它是黑色"。

福特和 T 型车

福特汽车工厂的第一条流水线

世界上第一家食品自选超市金库伦

1921 年，T 型车的产量已占世界汽车总量的 56.6%，T 型车的最终产量达到 1500 万辆。由于生产规模扩大，汽车产量上升，生产成本下降，这款福特 T 型车在 1909 年的价格为 950 美元，到 1924 年停产时，已经降到了 300 美元。

如果用数量－成本维度来刻画规模经济，范围经济揭示的则是"品种－成本"之间的关系。其核心是共享要素资源（生产设备、管理知识、研发成果、品牌等）与网络资源（销售网络、采购网络、物流网络等），通过品种多样化分摊固定的初始成本，降低长期平均成本。规模经济和范围经济不仅适用于生产领域，也适用于批发销售领域。

1930 年 8 月 4 日，世界上第一家食品自选超市金库伦在纽约皇后区开张营业。金库伦商店出售的商品超过 1000 种，促进了食品零售业的发展，开创了食品零售业的一个新纪元。

在此之前，人们进行膳食采购一般会选择在街角的杂货商店，其中大多数商店的商品品种都很单一，消费者不得不到不同的店分别采购肉类、农产品、烘烤食品、奶制品及其他调味料。

金库伦设计的超市的不同之处是，它把几乎所有的商品都收集到了同一个屋檐下。当时，在金库伦商店销售的产品超过了 1000 种，满足了消费者一站式购物的需求，同时为客户提供了直接从货架上选择的机会。

与以前杂货店时代的那种每日一次的膳食采购不同的是，随着商品种类的增加人们为了节约时间开始每次采购一周的食品，并把它们搬运和储存起来。

更重要的是，商品的品种仍然在不断增加，1960 年有 6000 种，1980 年有 14000 种，而如今的超市商品种类已经超过了 30000 种。

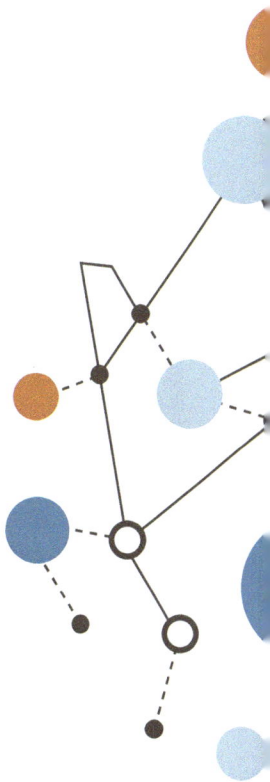

长尾经济

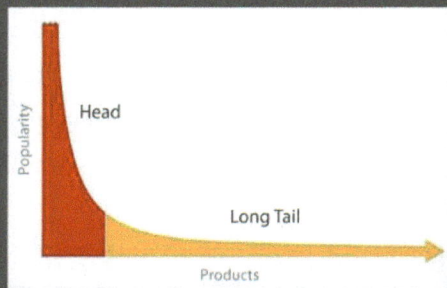

规模经济
（短头）
品种越少，
成本越低

范围经济
（长尾）
品种越多，
成本越低

长尾经济中的产品分类	热门产品		长尾产品
	大热门产品	次热门产品	
数量占比	2%	8%	90%
收入占比	50%	25%	25%
利润占比	33%	33%	33%

构建长尾

在过去，人们往往追捧的是"热门经济"，为什么呢？首先，一寸货架一寸金。货架上的每一个位置都是宝贵的，只有那些最有希望的产品（受欢迎程度或利润水平有一定保障的产品）才能得到这些位置。其次，受到地理位置的限制。"砖头和水泥"零售业的主要限制之一就是地理因素，往往存在一个服务的半径，它必须吸引当地的消费者，消费者太过分散就等于没有消费者。最后，是因为选择有限。产品和服务的提供尚未丰饶，人们的选择仍然十分有限，特别是个性化的小众市场需求很难得到满足。

在以物理为基础的短头经济中（实体经济），20% 的热门产品，带来80% 的收入，并且带来 100% 的利润；而在以知识为基础的"长尾"经济中，20% 的热门产品，将集中为 10% 的热门产品，其进一步分化为 2% 的大热门产品和 8% 的次热门产品。2% 的大热门产品，带来 50% 的收入和 33%的利润；8% 的次热门产品，带来 25% 的收入和 33% 的利润，剩下的 90%长尾产品，将带来 25% 的收入和 33% 的利润。最为重要的是：大热门产品的总利润，竟然和冷门产品（长尾产品）的利润总和相等。

互联网的发展使得长尾以一种网络现象显现出来，文化和经济的重心正在加速转移。从需求曲线头部的少数大热门（主流产品和市场）转向需求曲线尾部的大量利基产品和市场。在一个没有货架空间限制和其他供应瓶颈的时代，面向特定小群体的产品和服务可以和主流热门产品和服务具有同样的经济吸引力。但仅有这一点还不够，新的供给必须有新的需求相伴。否则，长尾会逐渐枯萎。由于长尾不仅要用供给多样性来衡量，还要用加入到长尾中的人来衡量。所以，需求曲线的真正形状只有在消费者得到了无限选择空间的情况下才会显现出来。唯有所有人购买、使用或以其他方式分享这些新利基产品，选择空间的大爆炸才会转化为一种经济和文化力量。

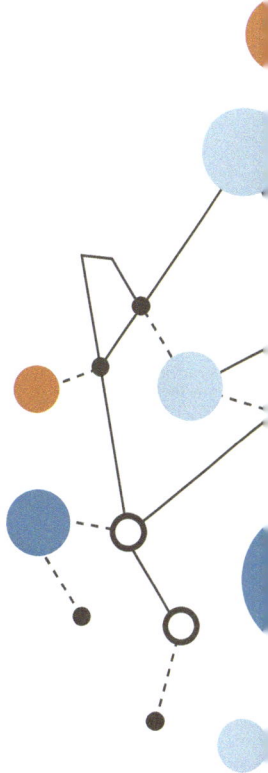

长尾的三种力量

制造它，传播它，帮助我找到它

三种力量	企业	范例
生产普及	长尾 工具制造者、生产者	数字摄像机、桌面音乐和 视频编辑软件、博客工具
传播普及	长尾 集合器	亚马逊、**eBay**、**iTunes**、 **Netflix**
供需相连	长尾 过滤器	**Google**、博客、**Rhapsody** 自动推荐、畅销榜

总体来看，我们可以把所有这些要点归结为以下六大主题。

1. 在任何市场中，利基产品都远远多于热门产品。而且，随着生产技术变得越来越廉价、越来越普及，利基产品的比重仍在以指数级的速度提高。

2. 获得这些利基产品的成本正在显著下降。数字传播、强大的搜索技术和宽带的渗透力组合成了一种力量，凭借这种力量在线市场正在改写零售经济学。现在，许多市场已经有能力供应空前丰富的产品。

3. 仅仅供应更多的品种不能改变需求，消费者必须有办法能找到满足他们特殊需求和兴趣的利基产品。从自动推荐到产品排名，一系列的工具和技术都有效地帮消费者做到这一点。这些"过滤器"可以把需求推向长尾的后端。

4. 一旦有了空前丰富的品种和用来做出选择的过滤器，需求曲线就会扁平化。热门产品和利基产品仍然存在，但热门产品的流行度会相对下降，利基产品的流行度则会相对上升。

5. 尽管没有一个利基产品能实现大的销量，但由于利基产品数不胜数，聚合起来，将共同形成一个与大热门市场相抗衡的大市场。

6. 以上几点全部实现，需求曲线的天然形状将会显现出来，不受供给瓶颈、信息匮乏和有限货架空间的扭曲。而且，这种形状受少数大热门产品和服务支配的程度远不像我们想象的那样大。相反，它的分布就像人口本身一样分散。

这一切的发生，都少不了一个至关重要的因素：降低获得利基产品的成本。这通常与三种力量有关。

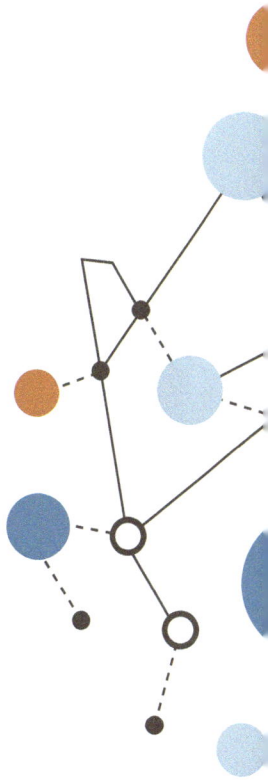

力量一　普及生产工具

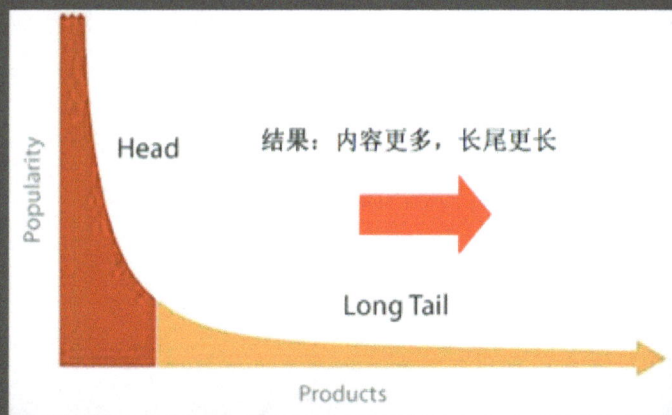

力量二　普及传播工具

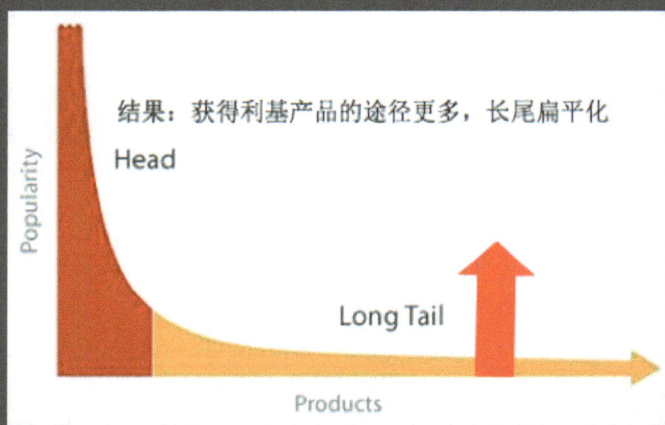

第一种力量是生产工具的普及。个人计算机的普及与智能手机的运用。它的威力意味着"生产者"的队伍已经壮大了上千倍。现在，业余爱好者能做到短短几年前还只有专业者能做到的事，有数百万人有能力制作电影短片、音乐专辑或是将他们的想法发布到世界。天才并非哪里都有，但已经遍布四方：如果你将创造力赋予足够多的人，精品的出现只是时间问题。正因为如此，我们的选择空间正在以前所未有的速度膨胀。这会让长尾向右延伸，成倍扩大可选产品的阵营。

"查理咬我"(Charlie Bit Me)，是一对英国夫妇以他们的孩子作为拍摄对象在 YouTube 上创立的专辑。该专辑记录了他们一家生活中的一点一滴，为我们表述了他们生活的光彩。这段视频在 YouTube 上的播放次数达到了 3750 万次，是该网站播放次数排名第 6 的视频，也是非音乐类视频中被播放最多的。美国《时代周刊》在一个总结 YouTube 有史以来出现的最好的 50 段视频的榜单中把《查理咬我》排在了第一位。

第二种力量就是通过普及传播工具降低消费的成本。尽管每一个人都能参与创造，但如果创作的内容无人欣赏，一切便毫无意义。互联网把每一个人都变成了传播者，大大降低了接触消费者的成本，有效地提高了长尾市场的流动性。这种流动性继而带来了更多的消费，有效地抬高了销售曲线，扩大了曲线之下的面积。

比如，微博的影响力，可以说微博粉丝人数大于 100 是一本内刊，大于 1000 是一个布告栏，大于 10000 是一本杂志，大于 10 万是一份省市报或行业报纸，大于 100 万是一份全国性报纸，大于 1000 万就是 CCTV 了。

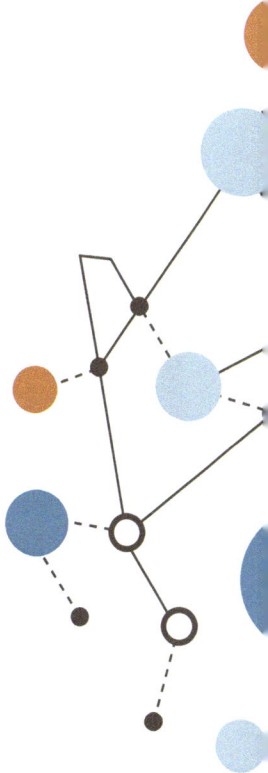

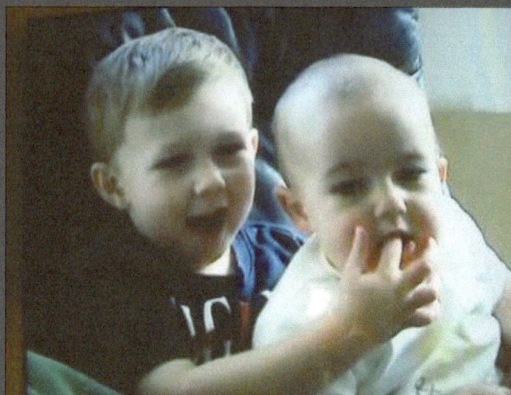

《查理咬我》视频

力量三 连接供给与需求

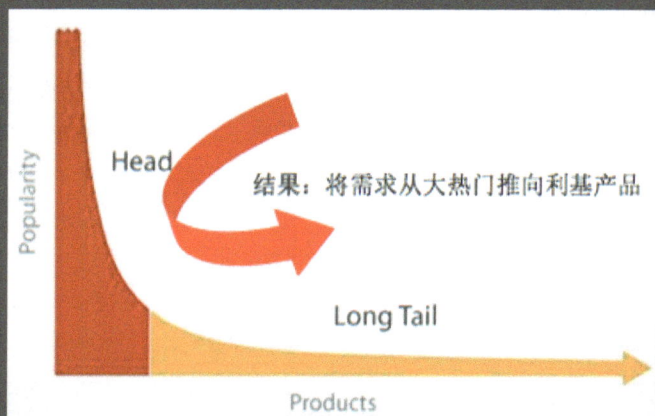

第三种力量就是连接供给与需求，将新产品介绍给消费者，推动需求沿曲线向右移动。这种作用的形式多种多样，可能是 Google 的"群体筛选"搜索引擎，也可能是 iTunes 的好歌推荐，还可以是口头传播效应或是消费者的微信。对消费者而言，这意味着寻找非主流内容的"搜索成本"降低了。这里所指的搜索成本是任何妨碍你寻找目标的东西。某些成本是非货币性的，如时间浪费、争论、错误的时机或迷惑之处。其他一些成本则是明码标价的，如错误的购买，或是因为没有找到更便宜的选择而被迫选择高价购买。

当个别消费者发帖评论或在微信上表达自己的喜恶时，他们也扮演着指导者的角色。当消费者聚在一起相互交流时，还有一件事会发生，他们会发现大家的品味千差万别，根本不像那些铺天盖地袭向他们的营销宣传所暗示的那样一致。这会鼓励你走到不熟悉的领域去探索一番。消费者的兴趣已经多元化，正分散到越来越专项化的小圈子，越来越深入地探讨着圈内的主题爱好，经济效果不言而喻：推动需求向利基市场转移。

在长尾市场中，有三种力量可以推动需求从头部移向尾部、从大热门产品移向利基产品。第一种力量就是品种的丰富性。当消费者的选择有限时，他们的选择就会相对比较集中。但如果把选择的数量从十里挑一变为百里挑一甚至万里挑一时，消费者的需求就不太会集中了。第二种力量是较低的"搜索成本"。这既包括传统的搜索，也包括互联网技术条件下的推荐系统和推荐技术。如在网络上挑选了中意的图书或商品后，网站会根据消费者的兴趣偏好推选更多的商品供你选择参考。最后一种力量就是样本示范。比如，对一本书你可以在网上免费试读部分章节的内容，或是免费观看视频的前五分钟。这能有效降低消费者购买的风险，鼓励消费者进一步深入探索未知世界。

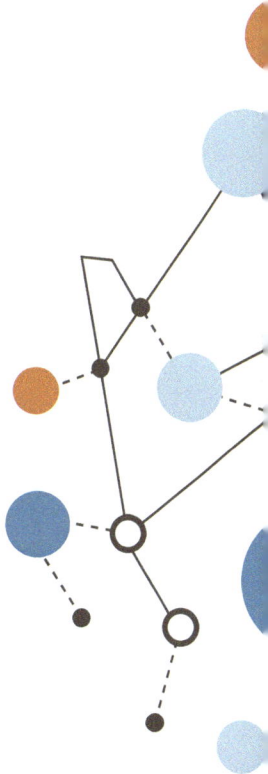

案例分析：起点中文网

在传统出版业，一部作品从作者脑海中天马行空的构想到笔下字句斟酌的文字，再到读者手中实实在在的纸质书，要经历的过程十分漫长，也很艰辛。一般来说，一本 30 万字左右的图书，正常出版周期为 3～6 个月。作者将作品投递给出版社，编辑对作品选题做出初步判断后，上报给选题委员会，委员会根据对该选题未来市场销量的判断集体讨论决定作品选题的去留。

出版社在选题时，会考虑成书的市场销量，一般倾向于选择主流的、大众的、热点的内容，那些小众的或被编辑认定为不会有广阔市场接受度的作品便没有机会进入出版环节。相应的，这些选题的"小众"拥趸们的阅读欲望也只能得到有限满足。显而易见，传统出版链条的运作效率受到了挑战，出版业的商业逻辑正在被颠覆。

以起点中文网为例，传统的出版机构之所以会挑选热门选题、热门作家，更多依据的是"二八定律"，优秀作家资源是有限的，作家的作品质量和市场接受度等信息是不对称的。而市场需求让热门的书籍利润更高，资源有限使得出版社必须追求热门。

网络文学出版则更符合长尾市场的一切特点，对于网络平台而言，其展现作品的空间几乎是不受限制的，多增加一本书也许只是增加了不到 1M 的内存空间而已，多样性的作品必然能够吸引不同兴趣的读者和作者。个性化的需求被得以满足，可以预测的是，即便是很小众的文学作品，其销量也不会为零，而且只要有人阅读，就能带来利润。

传统的出版社，更多地将自己的利润增长点放在那些热门产品上，希望通过畅销的作品带来更多的利润，因此传统的出版行业都希望自己的出版物能够进入畅销书单，从而带来更多的读者关注。

网络文学的不同在于，通过提供给读者更多的选择，让读者在丰饶的作品库中体会全方位的阅读体验，特别是针对具有相同偏好的读者群体，网络文学平台能够精确定位，开发相应的网络游戏或网络 IP，使得业务得以衍生，利润暴增。

让我们再来看看，网络文学平台是如何借助长尾市场的三种力量对传统出版行业进行颠覆和创新的。

首先网络文学降低了出版的门槛，只要你愿意写作，就可以给你开通一个写作账号，这对于网络来说无非是占据很小的内存空间而已。起点中文网实际上首先开拓了作者的创作空间，普及了文学创作的生产工具。这使读者在起点中文网上能够看到更多种类的创作，长尾被拖长了。

其次，通过建立随时随地可获取的阅读传播途径，使读者的读书体验变得更为便利，获取作品的渠道也更为通畅，即长尾通过传播途径有效地提高了长尾市场的流动性。这种流动性继而带来了更多的消费，有效地抬高了销售曲线，扩大了曲线之下的面积。

最后，通过催更、打赏、评论等多种形式，起点中文网让读者与作者之间的沟通更为顺畅。在广大的作品资源库中，一方面，方便了读者挑选出更多适合自己阅读的作品；另一方面，作者也能抓住核心读者的偏好，提供给读者更喜欢的文学作品。第三种力量连接了供给与需求，将新产品介绍给消费者，推动需求沿曲线向右移动。

因此，起点中文网让我们看到，"互联网＋"背景下，如何转变我们思维模式，通过挖掘利基市场的消费者偏好，丰富供给并打通供需环节，让追求热门的同时，通过满足个性化的小众需求实现赢利。

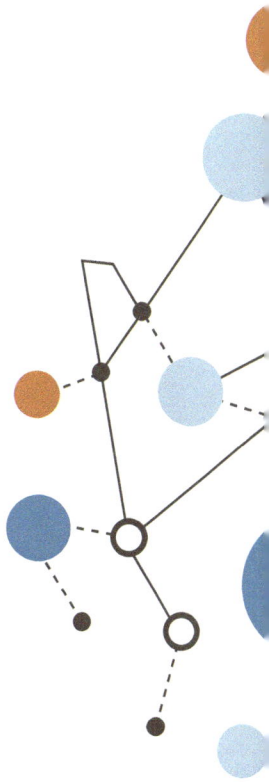

应用拓展

1995 年 9 月，奥米戴尔的女朋友酷爱 Pez 糖果盒，却为找不到同道中人交流而苦恼。于是奥米戴尔建立起一个拍卖网站，希望能帮助女友和全美的 Pez 糖果盒爱好者交流，这就是 eBay。令奥米戴尔没有想到的是，eBay 非常受欢迎，很快网站就被收集 Pez 糖果盒、芭比娃娃等物品的爱好者挤爆。

如今每天都有数以百万的家具、收藏品、电脑、车辆在 eBay 上被刊登、贩售、卖出。有些物品稀有且珍贵，然而大部分的物品可能只是个满布灰尘、看起来毫不起眼的小玩意。这些物品常被他人忽略，但如果能在全球性的大市场中贩售，那么其身价就有可能水涨船高。只要物品不违反法律或是在 eBay 的禁止贩售清单之内，即可以在 eBay 刊登贩售。服务及虚拟物品也在可贩售物品的范围之内。可以公允地说，eBay 推翻了以往那种规模较小的跳蚤市场，将买家与卖家拉在一起，创造了一个永不休息的市场。

eBay 所销售的大多数物品都不会出现在传统零售商的货架上，而且销售这些物品的人也大多不是传统零售商。eBay 既是产品的长尾，也是交易者的长尾，是一个典型的用户自创市场。eBay 本身只是一个协调人而已。它已经用遍了几乎所有的长尾策略，把多样性提高到互联网时代之前无法想象的程度。

eBay 围绕分散化存货的概念运转：它只是提供了一个网站，让买家和卖家在这个网站上自行接触，自行商议价格（大约有一半的成交价是通过 eBay 首创的拍卖程序确定的，另一半是"现在就买"式的一口价）。所以它的存货成本是零。虽不敢说 eBay 只需打开电脑就能看着钞票滚滚而来，但也离此不远。

eBay 也是一种自我服务模式——卖家创建自己的产品列表，自己处理包装和邮递事宜。所以 eBay 的生意虽然做得很大，拿薪水的员工却少得惊人。最后，eBay 还提供了帮助买家寻找产品的过滤器，主要是搜索引擎和多级分类结构。

美剧《生活大爆炸》谢尔顿拼装乐高"死星"

　　乐高集团是世界著名的玩具制造商，其销量始终列于世界十大玩具之列。乐高拼砌玩具曾经伴随无数孩子的成长，在孩子和家长的心目中，乐高代表的是快乐、是无限的想象、是创意的未来。但如果你只关注那些玩具店货架上的乐高玩具，那说明你只了解到这个公司的一半，另一个重要的市场是那些狂热的乐高迷，既包括不满足于普通玩具的小孩子，也包括把积木当成终极原创工具的成年人。

一家典型的玩具店中可能会陈列几十种乐高产品，但如果你登录乐高的网上商店，则可以发现近千种的产品，既包括袋装的瓦片，也包括一种 300 美元的"死星"（Deathstar）玩具。如果你看一看它的畅销榜就会发现，在这些畅销产品中，只有寥寥几种能在传统商店中找到。

　　实际上，至少有 90% 的乐高产品不会进入传统的零售店面，你只能通过邮购目录和网站找到它们——因为这两个渠道远比传统渠道更亲近小众市场。总体来说，这些非传统零售产品在乐高 11 亿美元的年销售额中占据 10%~15% 的份额，但它们的利润水平要高于通过玩具商店出售的那些玩具，因为乐高无须把一部分收益分给零售商。而且，由于虚拟商店可以为老老少少的所有乐高迷提供产品，网上的价格区间也远大于传统零售商。

　　2005 年，乐高推出了迄今为止最具野心的协同生产计划——乐高工程（LEGO Factory）。这个虚拟实验室允许你下载软件，设计自己的模型，然后把它们上传到乐高的网站。大约一个星期后，你会收到一个盒子，里面装着你亲自设计的玩具，所有自定义的积木块和其他部件一应俱全，盒子正面还贴着这个自创模型的图像。尤其令人兴奋的是，其他人也能购买你的作品。而且，可供选择的用户自创模型相当多。有不下 10 万个模型是用这种方式设计出来的，其中好的作品已经成为乐高的正式产品。乐高甚至会向作者支付一小笔版税。

　　实际上，至少有 90% 的乐高产品不会进入传统的零售店面，你只能通过邮购目录和网站上找到它们——因为这两个渠道远比传统渠道更亲近小众市场产品。总体来说，这些非传统零售产品在乐高 11 亿美元的年销售额中占据 10~15% 的份额。但它们的利润水平要高于通过玩具反斗城出售的那些玩具，因为乐高无需把一部分收益分给零售商。而且，由于虚拟商店可以为老老少少的所有乐高迷提供产品，网上的价格区间也远大于传统零售商。

传统的广告业就是个典型的热门中心主义行业，高昂的成本决定了大卖家和大买家的核心地位。这个行业依靠的是那些有广告预算的大企业，企业会委托广告公司制作广告，然后把这些广告投放到电视、广播、平面媒体和网络上。这些靠广告生存的媒体也有自己的销售队伍，他们要对做广告的企业推销自己的广告武器。

做为全球成长最快的搜索引擎 Google，决定用不同的方式经营广告，成功地创造了历史上最高效的长尾广告机器。Google 意识到，只要能将卖广告和买广告的成本削减大半，就能大大扩充潜在的卖家和买家群体。软件几乎可以独立完成这个任务，有效地降低经济门槛，接触到远比从前要广阔的市场。

Google 的广告模式有三个重要的长尾特征。首先，它的基础是搜索关键词，而不是条幅图像，而且我们知道，词和词汇组合的长尾几乎是无限长的。排在前 10 位的搜索词只占全部搜索的 3%，其余搜索则分散在数千万个其他关键词上。Google 意识到，每一个独一无二的搜索词都是一个同样独一无二的广告机会。

但是如何才能卖掉上千万个独一无二的广告呢？办法只有一个：使用软件。这就是 Google 的第二种长尾技巧——大幅度降低接触市场的成本。这种技巧是以一个简单而非常廉价的自我服务模式为基础的。只要在一种自动拍卖程序中购买一个关键词，任何人都可以变成一个 Google 广告商，而拍卖的报价可能低于每次点击 0.05 美元。这种自我服务模式不仅同时降低了Google 和广告商的成本，也加强了广告的效果。Google 还提供了广告自定义和检验工具，旨在帮助用户实现最高的"点击"率。经常有广告者不厌其烦地调整关键词和广告文案，直到得到满意的效果。

自我服务模式、可衡量的效果、低成本和不断改进广告内容的能力，把成千上万的广告商吸引到这个市场中。他们不必拉拢客户，Google 的人也根本不必与他们接触。效果是可想而知的：一是更精干的员工队伍；二是一种在头部和尾部都很有效的新模式。

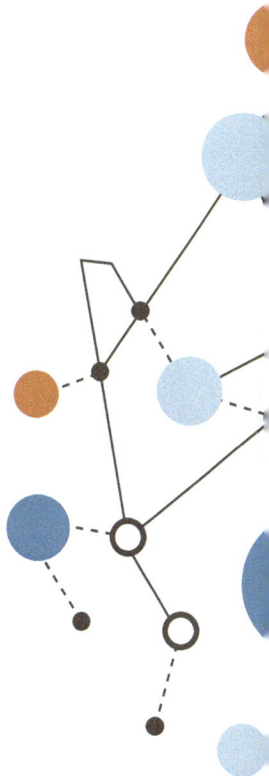

C

PART 3

"互联网＋"时代的商业模式

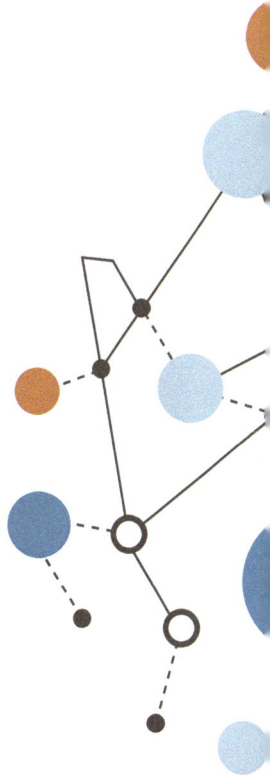

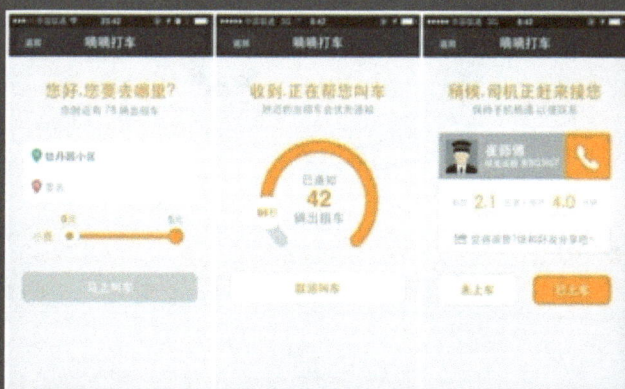

嘀嘀打车乘客界面

案例：滴滴出行

2012 年 9 月，一款名为"嘀嘀打车"的手机应用横空出世，并在 2013 年迅速风靡，被人们称为"打车神器"。在中国，属于公共服务领域的出租车行业受到政府的严格管制，数量增长缓慢，供不应求。一方面出租车司机因为空车运营时间过长而抱怨赚不到钱；另一方面乘客们也为高峰期打不到车、非法营运、强制拼车等一系列"打车难"问题感到苦恼。"打车神器"的出现让人们看到了希望，它不仅能帮助乘客快速地打到出租车，也帮司机降低了空驶率。

"嘀嘀打车"是北京小桔科技公司开发的一款网络预约租车手机应用。"嘀嘀打车"（以下简称"嘀嘀"）分为司机版和乘客版，最初的业务是让人们通过它进行出租车的实时网络预约。"嘀嘀"并不雇用出租车司机。"嘀嘀"作为一个电子化的派单服务，在乘客和出租车司机之间，通过其独特的计算法则进行乘车信息收集、整合、分析、匹配和传播。乘客将"嘀嘀打车"手机应用下载安装到其智能手机中，当需要用车时，打开手机应用输入上车地点和目的地，并点击发送订单。系统会将乘客需求反馈给附近出租车司机，出租车司机根据意愿进行抢单。

抢单成功后，"嘀嘀打车"会将司机的相关个人、车辆信息、与乘客的距离和预计到达用车地点的时间等信息反馈给乘客，司机往往会在随后几分钟内到达乘客身边。前往目的地后，"嘀嘀打车"的用户可通过软件系统中的支付平台绑定的银行卡或微信支付车费，省去了司机和乘客找零及担心假币的麻烦。乘客在结束服务后可以通过手机应用对司机的服务进行评价。

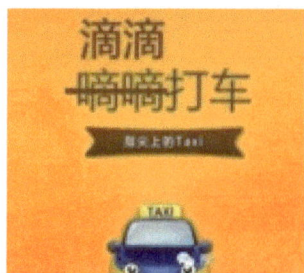

2014 年春节前后，"嘀嘀打车"与"快的打车"两大打车手机应用为了抢夺市场，拉开了一场惊心动魄的烧钱大战。与烧钱补贴同步而行的，是两家打车软件的市场份额大幅度上升，运用手机应用叫车出行由此开始普及。通过补贴大战"嘀嘀打车"的用户从 2200 万增至 1 亿，日均订单从 35 万单增长至 521.83 万单。2014 年 5 月"嘀嘀打车"更名为"滴滴打车"。

　　2015 年 2 月 14 日情人节前夕，"滴滴打车"的员工们收到了一份来自公司 CEO 程维的内部电子邮件。在邮件中程维写到"今天是 2015 年情人节，是浪漫的日子，马上要过年了，不少兄弟已经回到家里，也是团员的日子。今天，我很开心地向大家宣布，我们会结束两年来最激烈的竞争，和昔日的对手'快的'合并，携手迈向共同的出行梦想。"至此"滴滴打车"和"快的打车"完成战略合并。这次合并创造了 3 个记录：中国互联网史上最大的并购案；最快创造了一家中国前十的互联网公司；整合得到了两家巨头（腾讯和阿里）的支持。

　　2015 年 9 月滴滴进行全面品牌升级，更名为"滴滴出行"，明确依托移动互联网技术构建大出行生态。今天，滴滴在中国 400 余座城市为近 3 亿用户提供出租车召车、专车、快车、顺风车、代驾、试驾、巴士和企业级等全面的出行服务。多个第三方数据显示，滴滴拥有 87% 以上的中国专车市场份额、99% 以上的网约出租车市场份额。2015 年，滴滴平台共完成 14.3 亿个订单；成为全球仅次于淘宝的第二大在线交易平台。

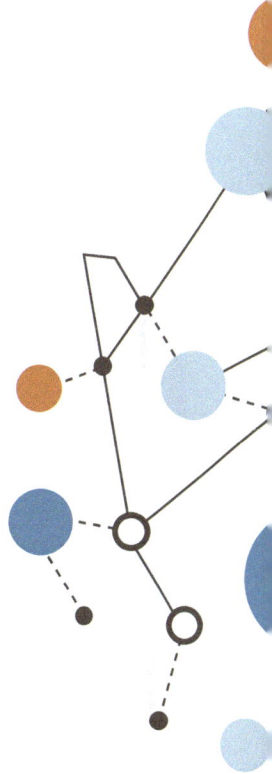

网络效应，通过使用者之间关系网络建立，达到价值增值的目的。

平台商业模式连接两个或更多供需群体，为他们提供互动机制，满足所有群体的需求，并巧妙地从中赢利的商业模式。

根据企业或组织连接不通性质群体的数量，我们可以将平台区分为单边平台、双边平台和多边平台。

平台商业模式

传统的经济现象将消费者所获得的价值视为个人层面的东西，与他人无关；然而在现实中却存在这样的一些产品与服务，当使用者越来越多时，每一位用户所得到的消费价值都会呈跳跃式增加。

比如早些年固定电话刚刚进入中国家庭的时候，试想如果只有你家安装了电话，它几乎没有任何价值，因为你无法与其他人进行交流沟通。然而如果你的亲戚朋友们的家里也安装了电话，情况就发生了变化。当安装电话的家庭越来越多的时候，固定电话作为交流沟通工具的价值将越来越大。推此即彼，我们将这一现象放大来看，当世界上越来越多人使用它时，它对所有用户的价值就越来越大。这便是网络效应，通过使用者之间关系网络建立，达到价值增值的目的。

平台商业模式就是发挥网络效应增值的一种商业思维和逻辑。它表现为连接两个或更多供需群体，为他们提供互动机制，满足所有群体的需求，并巧妙地从中赢利。平台商业模式深入人们的生活，出现在各种产业中，包括社交网络、电子商务、包裹快递、信用卡、第三方支付、搜索引擎、在线游戏等诸多领域。目前全球许多知名的公司主要收入来源都是平台商业模式，如苹果、思科、花旗、谷歌、微软、时代华纳。

在中国，最大的三家互联网公司百度、阿里巴巴和腾讯，虽然他们都在构建属于自己的不同商业生态，但其无一例外都是平台型企业。根据企业或组织连接不通性质群体的数量，我们可以将平台区分为单边平台、双边平台、多边平台。

腾讯是单边平台公司。对于一个 QQ 用户来说，只有一个人用是没有任何价值的，两个人用就有价值。当有 8 亿活跃用户在用时，这个网络的价值就不得了了。腾讯没有利用这 8 亿用户吸引商家，而是诱使一些高端用户交会员费，并开始销售虚拟物品（如人物形象服装、背景等）。把 QQ 的用户流量分发给自己的 QQ 秀，成为兑现自己流量价值的最大手段。

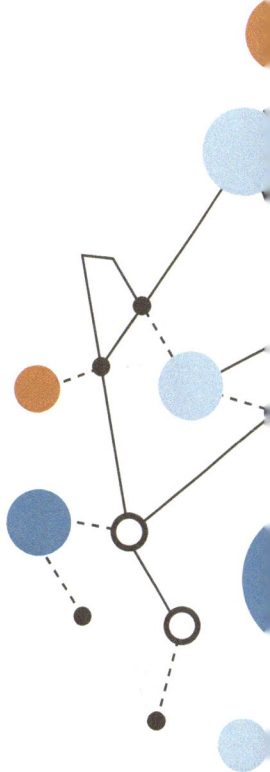

 单边平台

 双边平台

 多边平台

 微信 VS 易信

腾讯的 QQ 和传统的电话网络、互联网络的本质最为接近，是靠更多的用户黏住更多的用户，形成正向激励，不断增长，进入社交网络的用户最关心的是迁移成本，是他的朋友会不会一起。

腾讯公司在 2011 年 1 月 21 日推出的一个为智能终端提供即时通信服务的免费应用程序"微信"，增进了人们之间沟通的便捷性，促进了朋友之间的交流。微信可以让用户发信息给好友，共享与生活息息相关的信息。仅仅耗时 433 天，微信的注册账号就突破了 1 亿；而微信用户突破 2 亿，则耗时缩短至不到 6 个月时间。目前微信的国内用户超过 4 亿，而海外的用户也超过了 1 亿，月活跃用户数达到 3.55 亿。微信能够快速增长的主要原因，就是顺应了网络效应，通过人与人之间的关系网络不断增值，最终成为人们社交活动的必需品。

中国电信与网易于 2013 年 8 月 19 日联合发布新一代移动即时通信社交产品"易信"。功能与微信相似，在某些方面甚至比微信功能更强大。但很少有人愿意放弃微信转而使用易信，因为其所有的社交联系基本上都在微信的朋友圈中，所以易信的推广举步维艰，基本以失败收场。

与腾讯不同，阿里巴巴是一个双边平台。它左边是买家，右边是卖家。创始阶段的阿里巴巴需要让那些习惯了在实体店交易的人们克服在网络上进行买卖交易的风险感知、建立信任、物流配送等诸多问题。

更重要的是要解决好买家与卖家的数量问题，因为在这个平台上如果卖家不多，买家就不愿意来；而买家不多，卖家又不愿意来。所以平台要达到发展"临界点"是非常困难的，很多想做平台的公司就是跨越不了这个临界点，产生引爆市场的效果。所以马云说："今天很残酷，明天更残酷，后天很美好，但大部分人死在明天晚上，看不到后天的太阳。" 其中滋味可能大多数做平台的人都很清楚。

再看看我们熟悉的百度，百度是一家搜索引擎公司，提供搜索服务。随着互联网的发展，网站越来越多，信息在迅速爆炸。一个用户找到一个对自己有价值的网站、一条有价值的信息越来越难。

百度是典型的三边平台，这种平台商业模式往往都具有"羊毛出在狗身上，猪买单"的特点。百度把所有能搜到的网站都索引一遍，不向被搜索的网站收钱；把搜索的内容分发给了上游的网民，也不向网民收钱；在搜索结果的前面和旁边做广告，广告商收钱，把用户的注意力卖给了广告商，甚至可以把广告贴到别人的网站上去（叫做"网络广告联盟"），获得更大利益。

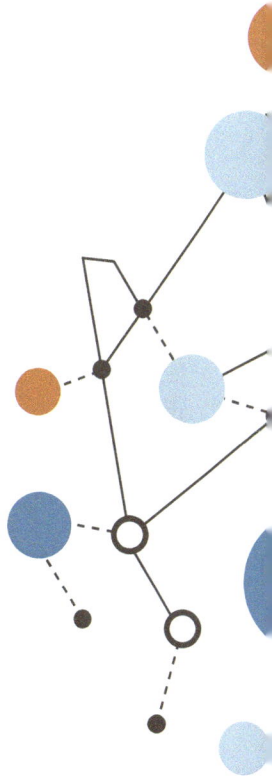

网络效应：
同边网络效应指当某一边市场群体的用户规模增长时，将会影响同一边群体内的其他使用者所得到的效应。
跨边网络效应指一边用户的规模增长将影响到另外一边群体使用该平台所得到的效应。

男性　世纪佳缘 jiayuan.com　女性

跨边网络效应

当效用增加时，我们称之为"正向网络效应"
效用减少时则称为"负向网络效应"

激发网络效应

平台商业模式的设计从定位多边市场开始。许多典型的平台企业往往是连接了两个不同的群体，如淘宝网的"买家"和"卖家"，前程无忧的"招聘方"和"应聘方"等。也有平台涉足更多的群体，如百度为网民提供信息搜寻服务，让他们能够方便有效地接触到无数"内容网站"，整合互联网上的信息，借广告吸引广告商的投入。还有更为复杂的平台，其搭建的生态圈包含了超过三个群体。比如，谷歌不但拥有搜索引擎，且汇聚了软件开发商、手机制造商、手机用户及对互联网的文件处理工具的需求者等群体。苹果公司亦是如此，它的赢利点从早期的硬件产品的贩卖转向以搭建平台生态圈（如iTunes、App store）来赚取佣金。这种现象带来了更深远的影响，以苹果智能手机为例，它对手机产业、电信产业、众多内容供应产业皆造成了冲击。

具体而言，网络效应可以分为两大类：一类称为同边网络效应，是指当某一边市场群体的用户规模增长时，将会影响同一边群体内的其他使用者所得到的效应。如前面讲的 QQ 和微信都属于同边网络效应的例子，传统的电话也是。另一类称为跨边网络效应，指的是一边用户的规模增长将影响另外一边群体使用该平台所得到的效应。

"世纪佳缘"网站，通过互联网的形式将传统的相亲产业发扬光大，也是平台型企业。在这个平台中，可将男性和女性理解为分属平台不同的边，当网站的注册优秀男士增加时，女性会员的注册人数也会增长；而当女性优秀会员增加时，也会有更多的男性愿意注册。这就属于跨边网络效应。当效用增加时，我们称之为"正向网络效应"，效用减少时则称为"负向网络效应"。

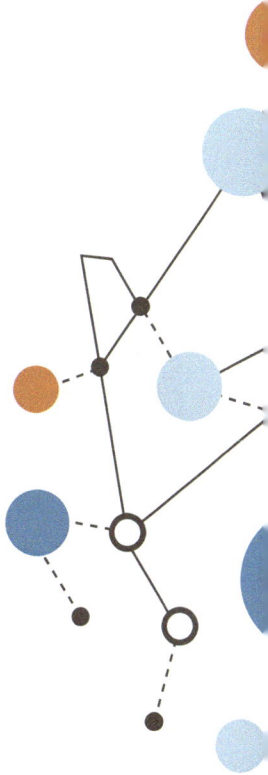

过滤给平台带来负向网络效应用户的方法：

用户身份的鉴定
对配合用户给予一定的奖励
要求完成支付
让用户彼此评分

    通常平台企业为一边市场提供费用上的补贴，借以激发该群体中的人们进驻生态圈的兴趣，我们习惯上将此群体成为**"被补贴方"**。反之，平台另一边群体若能带来持续的收入以支撑平台的运营，我们称之为**"付费方"**。

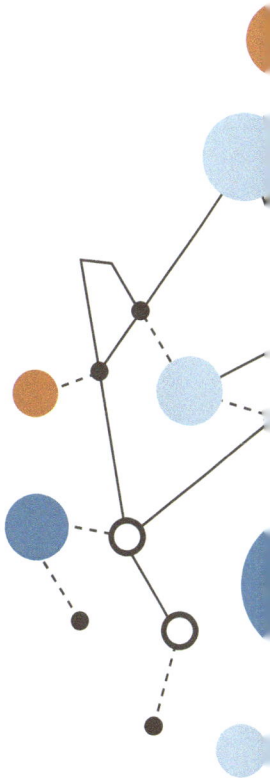

在激发平台的正向网络效应的同时，还需要防范负向网络效应的发生。因为某些成员的加入会降低其他使用者的效用或使用平台的意愿。因此，平台企业建立生态圈的初期，可以通过一些机制设计来过滤掉那些可能对平台带来负向网络效应的用户。常用的一种方法是：用户身份的鉴定。比如要求用户在加入网络平台时进行实名认证。此外，也有平台企业并不强制性地要求用户进行实名注册，但对那些主动提供更多个人信息的用户给予奖励。一般的人在初次使用时，往往会抱着谨慎的心态，不愿立即购买长期服务。因此，作为回报，当用户完成这些身份核实的任务之后，可以换取到免费试用的机会。

"世纪佳缘"婚恋网站，为了保证用户的网络相亲体验，要求会员进行真实身份认证，这一方面提升了用户自身和网站的声誉，同时也让用户因为付出而为其后的用户锁定和用户粘性增强带来了一定的好处。当用户进行身份核实后，网站会奖励新会员一张"邮票"，获得与其他一位会员交流的机会，等于让新用户免费尝试一次平台的服务。

除此之外，平台企业常用的另一种用户过滤方式是要求用户在参与时需要先完成支付手续。比如，团购网站，需要预先支付以确保下单的有效性。而让用户彼此评分的机制，往往比其他的形式更直接有效。如淘宝网在交易结束之后，一方面买家对卖家的货物质量、物流运输、服务水平和诚信等方面进行评价。与此同时，卖家也会对买家在交易过程中的支付和沟通等情况进行评价。从而有效地维护那些遵守规则、诚实守信的卖家和买家的利益。在一个平台建立了自己的信誉之后，如果转换到不同的平台迁移成本会增加，这样也很好地对用户进行了锁定。

常见的平台商业模式当中，企业在定价方面会保持一定的弹性，阶段性的选择补贴某一边群体，促进其使用数量的增长，进而吸引另一边群体的参与意愿或支付更多的费用。通常平台企业为一边市场提供费用上的补贴，借以激发该群体中的人们进驻生态圈的兴趣，我们习惯上将此群体称为"被补贴方"。反之，平台另一边群体若能带来持续的收入以支撑平台的运营，我们称之为"付费方"。

原则	被补贴方	付费方
价格弹性反应	高	低
成长时的边际市场	低	高
同边网络效应	正向	负向
多地栖息的可能性	高	低
现金流汇集的方便度	困难	容易

具体可参考阅读材料，《双边市场地策略》，
哈佛商业评论，2008 年第 10 期

"前程无忧" 是国内集多种媒介资源优势的专业人力资源服务机构，提供包括招聘猎头、培训测评、人事外包和咨询在内的专业人力资源服务。该平台上的"招聘者"往往是各大企业用户，他们是平台设定的"付费方"，他们必须支付费用，或者在使用平台时缴费给平台企业。反之，广大的"求职者"被平台设定为"被补贴方"，在平台上浏览招聘信息不需要花费任何金钱，就能将自己的简历发送给应聘企业，获取面试机会。

　　简单地说，补贴就是平台企业对某一方群体提供免费或是低价的服务，借以吸引该群体的成员入驻自己的生态圈，并以此为筹码，转而吸引另一方群体。在企业的初创期，应该将哪一方设定为"付费方"、哪一方设定为"被补贴方"是一种战略上的选择，也是激发网络效应、影响平台赢利模式和成长的关键要素。

　　参照艾斯曼·帕克、阿尔斯顿发表在哈佛商业评论上的研究，平台企业有五种基本的决策准则来选择将平台的哪一方主体设定为"付费方"、哪一方设定为"被补贴方"。简单来讲，可根据价格弹性、成长时间的边际成本、同边网络效应、多地栖息的可能性、现金汇集的方便度等因素进行综合考虑。

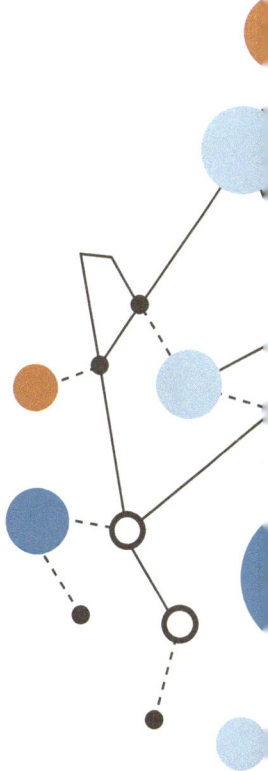

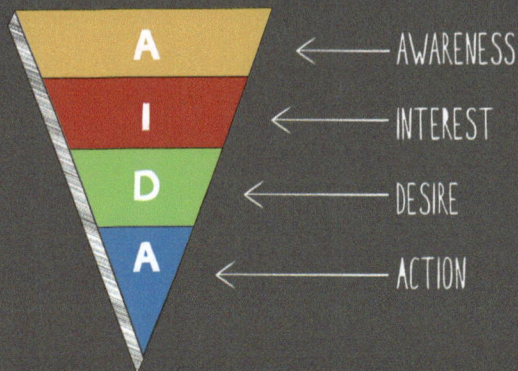

（AIDA 模型：察觉、关注、尝试、行动）

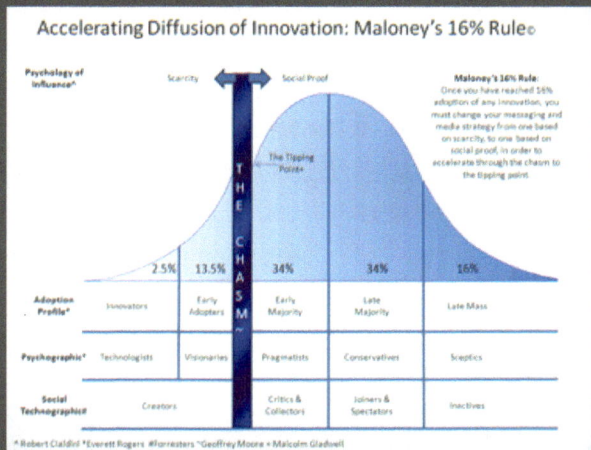

Accelerating Diffusion of Innovation: Maloney's 16% Rule

跨越鸿沟

根据人们的认知规律，消费者对新产品的接受过程往往遵循一定的步骤。一般认为可以归纳为察觉—关注—尝试—行动四个渐进的反应过程，即 AIDA 模型。对于平台企业应该设置一连串的机制，在面临消费者不同的反应阶段时可以有效地推动他们进驻生态圈、付费使用增值服务。

实际上，有些平台企业的商业模式本身就是建立在这四个阶段的某一关键环节之上的。如社交网络平台拥有捕捉"察觉"阶段的优势，而互联网的分享工具则提供了"关注"的定位媒介；团购平台用较低的价格诱使人们更愿意"尝试"平时不太可能购买的服务和产品；支付平台则有效推动了人们"付费"的行动步骤。

智能手机的普及，移动互联网的发展，结合 GPS 技术、无线射频识别技术、传感技术的发展和应用。让我们能够更好地动态追踪消费者的行为，识别他们的心理状态，满足其消费需求。通过数据收集和分析，更可以把不同的平台服务整合起来，完成生活形态的完美体验，达到随风潜入夜，润物细无声的贴心周到服务，从而使得消费者福利最大化。

另一方面，人们对新兴事物的接受程度存在个体上的差异，这可以运用"创新散播理论"进行理解和说明。根据这一理论，消费者对新产品或服务的采纳过程，可以划分成五种不同的态度和群体。总体上，会有一小部分人约占 2.5%，是勇于尝试的，他们总是在第一时间购买并试用新的产品，这些人被称为"创新者"；第二群人也是早期加入者，但相比第一个群体，他们会关注和评估购买使用新产品和服务的风险，是"初期采纳者"，约占人群的 13.5% 左右。这一群体的成员不像"创新者"那样不惜代价地尝试，具备一定的风险意识，需要企业提供良好的诱因趋使其做出决定，主观上他们是愿意走在大众流行的潮流前方的。

第三部分群体和第四部分群体大概各占 34% 左右，是大部队，是企业最希望捕捉到的广大群众。这些群体往往不太愿意拿自己的时间、金钱、精力去冒险，整体上比较保守和谨慎。最后是 16% 左右的第五类人群，即"落后者"，他们或许要等所有的人采用新产品之后，自己才会使用。大多数的平台企业成长，需要跨越的一个重要阶段，就是早期加入者和早期大多数加入者之间的这个阶段，在这一阶段，如果能够有效地吸引消费者，实现用户规模的突破，就能在"从众效应"的帮助下跨越鸿沟。

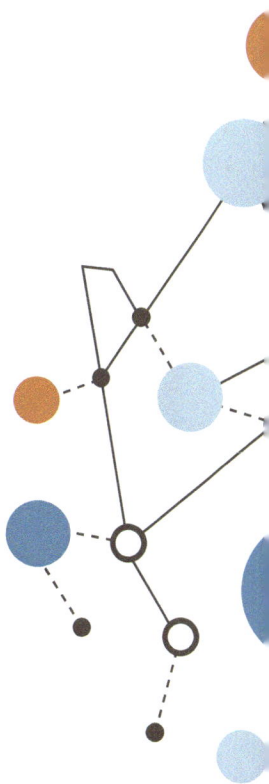

运用平台效应扩大运营规模的方法：

阶段性优惠
优化匹配
完善体验
丰富产品种类

平台企业绑定客户的策略：

硬件设备的投资
消耗时间与精神
长期养成习惯
有法律依据的契约
累积的人际关系
切身感受的情感

在平台商业模式的初期，促进用户规模持续扩大的最有效方式还是上面提到的补贴策略。但平台用户规模突破临界点以后，平台的网络效应也突显出来，这时候可运用平台的网络效应通过阶段性优惠、优化匹配、完善体验、丰富产品种类等更多的方法来进一步扩大平台运营规模。

对于平台企业的成长来说，单纯的规模增长也不一定意味着正向网络效应的激发，盲目地追求数量的增长，也很可能对整个商业模式产生负面效应。而对客户群质量的最求，就是另一个重要的维度。几乎所有的平台企业都能从过滤不良用户的机制中获益，以维护生态圈该有的信誉标准。而质量维度的主题，则将生态圈的进一步发展视为战略性选择。

在平台商业模式的成熟期，企业需要关注的关键问题是如何有效地留住优质客户，防止其离开平台。大多数平台都具有开放性的特征，平台中的各方能够自由选择是否进入和退出。当平台企业需要大幅度补贴用户时，防止他们任意流失的壁垒构建就显得格外重要。

很多企业都会考虑用户绑定的策略应用，即通过提高用户的转换成本达到留下顾客的目的。其中包括硬件设备的投资、消耗时间与精神、长期养成习惯、有法律依据的契约、累积的人际关系、切身感受的情感等都可能成为留住用户的理由。

比如，对于很多大型多人在线角色扮演的游戏公司，制作团队除了研发出精美的画面、精彩的故事情节、酷炫的动作效果来吸引玩家的参与，更重要的是如何将用户神不知鬼不觉地绑定在游戏的生态圈里，并催生玩家对虚拟世界的归属感。

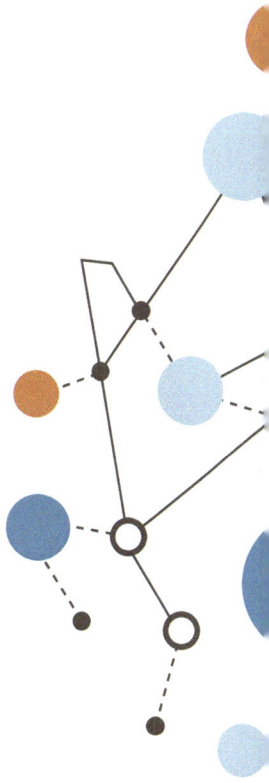

通过等级设定、虚拟财富的积累，成为游戏中的达人，受到其他玩家的青睐与尊重等都是常用的方法。在游戏关卡的设计上，有时要求玩家们必须组成既定人数的小队，共同协作完成某些任务。这不仅能够很好地触发网络效应，同时也是无形中从心理层面对用户进行了锁定。在刺激而富有挑战的游戏过程中，玩家们相互认识、沟通交流，成为好友，建立起属于好自己的社群。调查显示，在玩家们选择离开某款网络游戏的主要原因中，排名第一位的是"游戏的安全问题"，相比于"费用过高"和"新游戏的吸引力"等因素，在玩家们更看重的是网络游戏账号容易被盗用，让先前的努力付诸东流。若游戏平台的运营商在这方面拥有良好的信誉，用户转换平台的概率会小很多。

并不是所有的平台企业都需要通过增加转换成本的策略来留住用户。比如，百度等搜索平台型企业，这些企业好像并不需要用户常驻在生态圈中，甚至在使用时连注册都不用，他们并不需要用户建立起强硬的归属感，甚至也不需要筑起防范用户使用竞争对手产品的"高墙"。因为还有另一类提升"用户黏性"的策略，即建立在用户对功能或品牌的信任和信心之上。

广告平台58同城是提供"内容发表方"和"需求方"的平台。通过城市分类、社区分类将用户细分后，人们能够迅速寻找到关于房产、招聘、二手交易、征婚交友等信息。然而这些分类广告平台的用户往往是因为"某个时期的特殊需求"而来，问题得到解决后，可能就默然离去，很长一段时间也不会再次光临。这样的平台提供服务的性质使得和其他的平台企业有些差别，无法有效地将用户绑定。

虽然58同城无法有效地绑定用户，但其也同样生存下来，并且发展得很好。因为即便是缺乏绑定用户的壁垒，也能够通过高速周转所酝酿而成的黏性，实现规模激增与品牌信誉。对于本质上不需要依赖绑定策略的平台生态圈而言，"便利性"是关键。

需要提醒这类平台企业的是，如果平台企业的本质不太适合靠提升转换成本的方法来增加用户黏性，那企业在制定相关的补贴策略时就必须格外谨慎，因为此类平台企业主要靠高速的流动性为发展路径，也以其为黏性和口碑的基础，如果采用高强度的补贴策略，投资在每位用户身上的成本可能很难收回。

对于多数平台企业，可以同时灵活的运用这两种策略来达到用户价值的增值，在有效吸引新用户的同时保留住既有的用户。

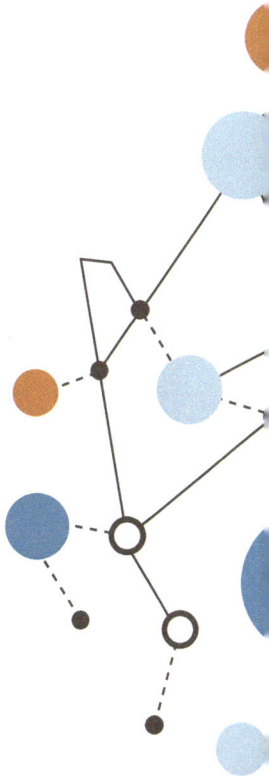

潮汐效应

出行市场是需求潮汐涨落式的交易市场，其特点是有高峰期有平峰期，高峰期的需求往往是平峰期的 3 倍甚至更高。

案例分析：滴滴出行

出租车作为公共交通的一种重要形式，具有一定的特殊性，其需求表现出很大的波动性，存在"潮汐效应"。每天的不同时间，人们对出租车的需求存在较大的变化。在早晚上班高峰期、节假日出行人数多，需求大。但在其他的时间出租车的需求量则相对较小。

出租车运营受到政府的监督管理。因为出租车需求的波动性，在出行高峰期需求量大，而低谷期需求量较少，所以公共管理部门在考虑城市出租车数量规模时，会综合考虑居民的出行量、平均运营时间、地区经济发展水平和出租车的空驶率等因素。既要考虑如何满足乘客的需求，也要考虑在低谷期出租车空车运行带来的成本增加和收入降低。一般在规划城市的出租车数量时，会取高峰需求数量和低谷需求数量之间的一个数字。因此，在高峰期，出租车的绝对数量和相对数量都会存在不足。

滴滴打车是典型的双边平台商业模式，一边是乘客，另一边则是司机。滴滴打车的平台网络效应主要是跨边网络效应，一边用户的规模增长将影响另一边群体使用平台所得到的效用。双边平台成功的关键因素在于如何激发网络效应。

作为出租车行业，撬动平台的杠杆，一开始是向出租车司机倾斜的。因为只有出租车连接进系统了，这个平台才能有效地诱使乘客安装使用这个软件。于是滴滴打车的小伙伴们在的士司机出现最多的加油站、火车站、飞机场进行守候，通过帮助安装和发放手机流量补贴等方式让司机端的用户保持增长。而当平台的在线司机数量增加以后，滴滴又需要倾向乘客端，让司机能够通过软件接到单。于是我们看到补贴的天平，一会儿左倾一会儿右倾，但更多的是不断地在寻找着两端的平衡。

滴滴打车需要考虑平台两端用户数量的**平衡**。

影响乘客端数量的主要因素：

补贴、天气、推广活动、叫车的成功率、乘车服务供给的及时性、打车软件使用的体验、乘车服务的质量。

影响司机端数量的主要因素：

司机补贴、订单分配策略、订单的多少、用户的行为。

直观的原则就是，打车平台软件需要考虑司机和乘客数量的平衡。需要用车的乘客多了，成交率下降，用户打不到车，体验不好，导致新客户不再使用，老用户也会减少对打车软件的使用；司机多了，也不能断说成交率高、用户体验好，订单变少，会影响司机对打车软件的使用依赖，司机在线数量和在线时长会降低。

除此之外，影响乘客端的因素：一是补贴；二是天气；三是推广和活动。而除此之外还有一些细节因素，叫车的成功率、乘车服务供给的及时性、打车软件使用的体验、乘车服务的质量。影响司机端的因素主要有司机补贴、订单分配策略、订单的多少、用户的行为等。而有些因素共同作用于司机端和乘客端，如竞品策略、公共政策、舆论等。

滴滴打车的核心在于有效连接供需，生成更加优化的服务和产品，数据能解决的核心问题，就是做供需的智能匹配。在海量数据的基础上，出行的需求被不断细分，而且是实时匹配。当一个乘客下单之后，需求方的用户图像和需求同时被识别，结合供方的车辆条件和位置地图进行筛选。下一步需要做的是实时调度，要考虑当时的交通情况、车的朝向、车速、附近是否有突发性事件等因素，选择最为优化的方案。

大数据下的"订单分配策略"是滴滴打车的核心竞争力。滴滴做的事情是将客户的订单"拨"给附近的司机，在这个过程中，如何实施补贴，让司机能够以最快的时间赶到客户身边，让客户愿意持续保持对滴滴软件的"黏度"，才是重心。滴滴一天产生几百万个单，一秒就是几十甚至几百个单，对分配的精准度要求极高，要把最合适的司机"拨"给最合适的乘客，这种"订单分配策略"，从技术上说是一个动态博弈均衡问题。

出租车的供需关系很难实现供需的平衡，其原因在于信息的不对称性和时空的不对称性等问题。滴滴打车的推出在起始阶段很好地解决了信息不对称的问题，使得出租车司机和乘客在最短的时间内能够快速地实现信息收集、信息处理和供需对接。这些属于盘活存量的方法。但因为整体上出租车数量是不能满足需求的，因此滴滴打车随后逐步地增加了专车、快车、巴士、顺风车、代驾等模式，来增加整体的供应数量问题。

打车业务的服务供给与服务需求有四个关键指标：

新乘客数量，乘客不断积累，新的变成老的，老的越来越多，活跃的比例越来越少；

新司机数量，司机不断积累，新的变老的，活跃司机比例比较平稳，运力逐步提高；在线司机数量，运力的重要指标，在线司机不完全等于运力，

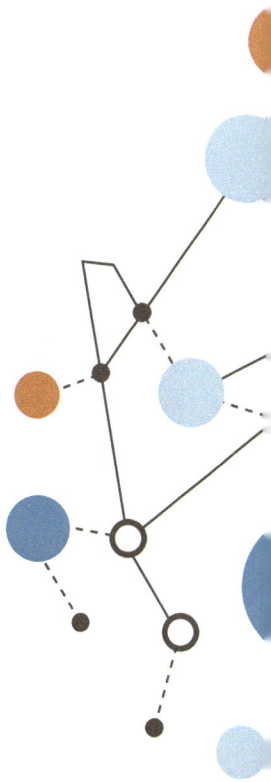

服务供给与服务需求关键指标：

新乘客数量
新司机数量
在线司机数量
成功订单数量

滴滴打车的过滤机制：

用户身份鉴定
完成支付
双方信誉评价

运力取决于在线司机数量、在线时间长和抢单的积极性；成功订单数量，乘客需求、司机运力和订单分配策略等共同作用的结果，订单成功率是衡量成功订单的重要指标，受到运力和订单策略的综合影响。

可能出现负向网络效应，某些成员的加入会降低其他使用者的效用与意愿，如不守预约离开的乘客或中途撤单的司机，对司机不出言不逊的乘客或是驾驶野蛮的司机。滴滴打车运用了多种方式来建立自己的用户过滤机制。最基本的方式是用户身份的鉴定。滴滴打车是基于移动互联技术的网络约车服务，通过手机号码进行用户注册，在中国手机实现了实名使用，因此运用手机注册账号等同于以真实身份注册账号，这有效地提升了平台服务的可靠性。

另一方面，当用车服务结束时，伴随着客户双方的支付，在未完成支付时，乘客无法进行下一次的约车服务。此外，让用户们成为彼此的监督者，可谓是最有效的用户过滤机制。

乘客会对司机进行评价，同时司机也能对不良客户信息进行反馈，这种方式是传统依靠员工逐一筛查劣质用户远不能及的。这有助于平台区分优劣客户、协助精确匹配，进而提高整个生态的质量标准。评分机制对双方而言都是一项重要的需求。当某用户的评分数量达到一定规模时，汇集而成的总评价是最具公信力的信息，可以成为人们选择是否该与其进行交易的重要参考依据。而被评分者也可凭自身力量，在平台上依靠公信力打造个体品牌。这也增加了用户的转移成本，对用户进行了有效的锁定。

虽然社会上对滴滴运营的合法性问题一直存在着这样或那样的争议，但是其在方便人们的出行、提升出租车司机的收入水平、减少乘客的等待时间、缓解城市拥堵和废气排放等方面是实实在在的。

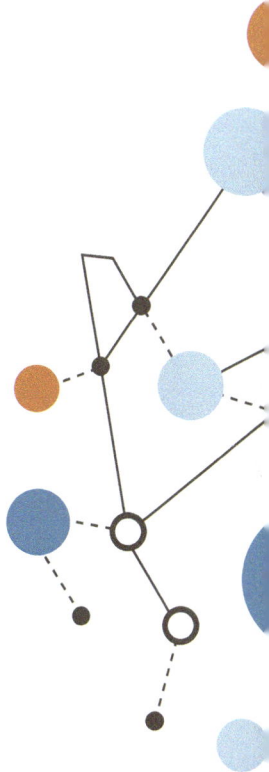

应用拓展

无线 T 恤公司是 2000 年创立于美国芝加哥的 T 恤设计公司。不同于普通的服饰设计公司，它的商业模式极具创意，将设计工作外包给任何愿意尝试的人。

该企业设立平台，以丰厚的奖金吸引设计师投稿。每周都能够吸引上千件来自艺术家、学生、业余或职业设计师，以及任何有兴趣尝试创造的人的作品。这些作品被发布在网上，供人们欣赏投票，而最高票当选的设计师的图示则会被印制成真正的 T 恤进行售卖。许多参与投票的人们自然喜欢那些设计风格，因此愿意掏钱买单。每周的设计赢家可以获得最高 2000 美元的奖金。

无线 T 恤公司只会在订单达到一定数量后才投入制作，这大大降低了亏损的风险，也保证了每一批印制的衣服全部销售一空。

无线 T 恤构建的是一个周期循环的平台，一边连接着勇于尝试的职业与业余创作者，另一边吸引着所有有兴趣投票给这些创意作品的人。创作者不仅有机会获得高额奖金，而且享受着作品受到的赞誉；投票者则以鉴赏者的身份自居，直接发挥他们的影响力。在比赛时期，双方均是"被补贴方"，而在这些进行投票的人中，有一部分人会真正转化为消费者，掏钱购买 T 恤。

无线 T 恤的这种模式发展得非常好，到 2011 年，该网站每月的访客量高达 400 万，并且拥有 10 万名相当活跃的设计创意者。而成熟的沟通机制让会员们能够及时对作品提出正面反馈，许多设计师因此在这个平台上建立了自己的口碑。无论是消费者还是设计师在这个生态圈中都找到了自己的归属感。因此，无线 T 恤每年才得以销售出上百万件高质量、印有个性化图样的 T 恤，甚至还衍生出了实体零售商店，以及无线 T 恤公司专属的电视节目。

2009 年 3 月成立于美国纽约的 Foursquare，是一家以地理位置服务为基础的平台型企业。它通过特殊的技术定位出移动终端的地理位置，并提供与该位置相关的信息服务。通过锁定某用户手机所在的位置，告诉他附近有什么样的餐厅、加油站、电影院等设施，让其随时随地都知道周边的环境信息。

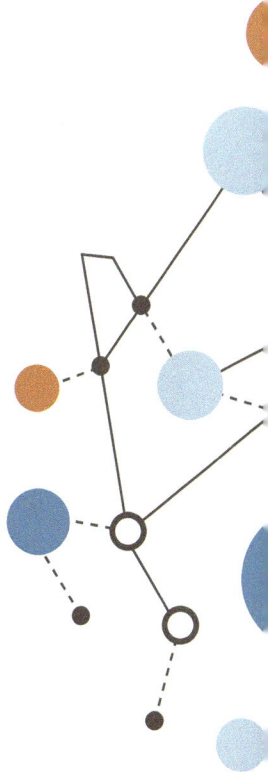

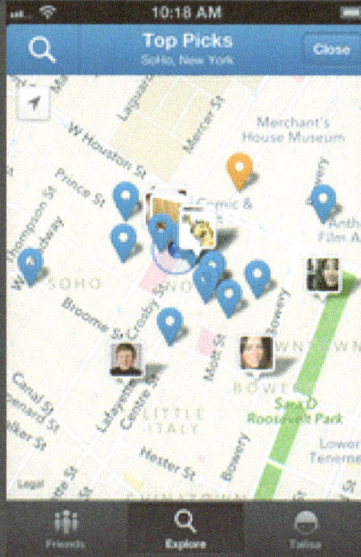

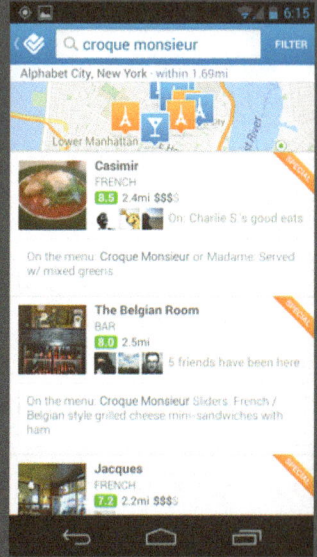

Foursquare 连接的是用户与商家两边的群体，用户只要通过简单的绑定措施，智能手机就能成为生态圈的一部分。每一次用户来到一个会员商家的店里"签到"，该平台都会记录下此动作，并且为其介绍临近区域的店家，如书店、咖啡店、博物馆、公园等。当然，用户还可以公开自己所在的位置，通过 Foursquare 发布到自己的社交平台上，如分享到 facebook、Twitter 上，让朋友们知道自己去过那里。这个基于移动互联网技术和"以地理位置服务为基础"的核心平台生态，涉足了用户的生活形态圈。

然而，Foursquare 比较有特色的是，将游戏元素加入到了它的平台机制中。当你在不同的地点签到后，可以获得不同的积分、累积虚拟勋章。若时常到某个地点签到的话，还可以获得当地"领主"的头衔，在 Foursquare 的平台上受到公开表扬，充分满足了用户的虚荣心。获得特定积分或勋章的用户，还可以得到优惠奖励，真实的反馈使人们更加乐于参与。每一枚勋章，每一次奖励，都培养了用户对平台的归属感。Foursquare 还鼓励素未谋面的人们争夺"领主"的封号，从而激发了用户对商店的感情。

看起来简单的游戏设定，成了引爆网络效应的主因。而这些在生活中累积的名誉，便是防止用户离去的最佳提升转换成本策略。平台的影响方位与用户的真实生活形态高度重合，绑定用户的效果就更加强大。

通过地理位置的追踪，Foursquare 可以捕捉到用户行为与消费轨迹，这些累积的数据成为平台提供给广大商家的价值，也是它与商家交涉时谈判的筹码，更是商家精准营销赢利的基础。

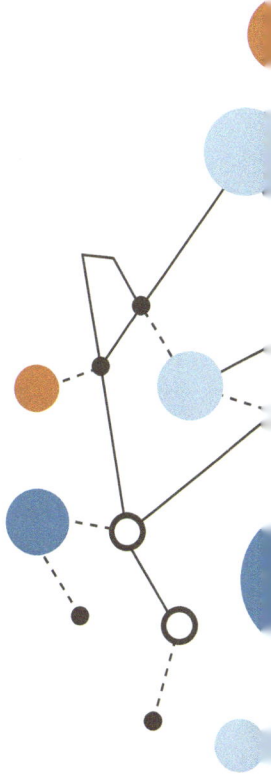

C

PART **4**

"互联网＋" 时代的发展模式

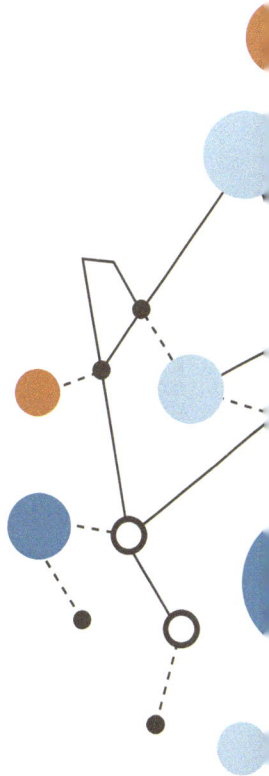

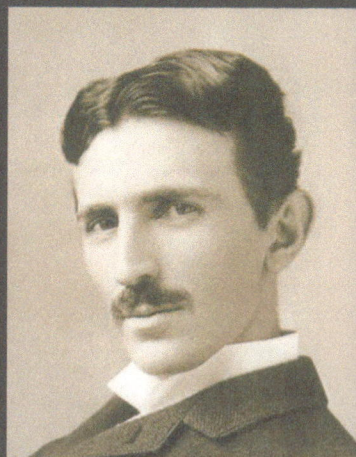

尼古拉斯·特斯拉

案例：电动汽车特斯拉

特斯拉汽车（TeslaMotors），一个 2003 年创立于美国硅谷，至今不过 10 余年的纯电动车企业。在传统巨头纷纷倒下的最艰难的日子里，这个出奇制胜、名不见经传的小弟不仅挺了过来，而且发展得如日中天。说起特斯拉就不能不提其联合创始人兼 CEO 伊隆马斯克。2003 年，这位大佬儿与人合伙，靠此前将 PayPal 卖给 Ebay 攒下来的资本，创立了自己的纯电动汽车公司——特斯拉。

与传统汽车公司一般以创始人名字命名的惯例不同，马斯克为了纪念塞尔维亚裔美国人尼古拉斯·特斯拉，特意使用了"Tesla"这个名字。尼古拉斯·特斯拉是交流电、无线电、无线遥控、火花塞、光乃至水电的重要创造者和推动者，被公认为是电力商业化的鼻祖。从这点上也能看出，这家公司并非一家一般的汽车企业，而是技术驱动的高科技公司。特斯拉创立伊始就有着清晰的目标。公司希望通过三个阶段，将电动车这一概念普及到人人都可以接受的程度。不过当时可是 2003 年，丰田普锐斯第一代车型退役，混动车刚刚开始被人们接受，纯电动车在当时犹如天外来客。

熬过濒临破产的几年时间，公司于 2008 年开始对外销售 Roadster 纯电动敞篷跑车，或者说是路特斯 Elise 的电动版本。说他是天外来客，是因为这辆车百公里加速最快 3.7 秒，官方宣称充电时间只需 3.5 小时，续航里程 390 多千米。别说是当时，就连现在这些数据都是相当出色的成绩，足以让很多传统汽车巨头推出的纯电动车汗颜。

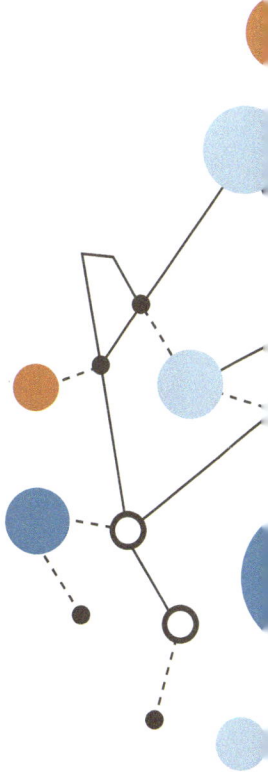

经过了 Roadster 的培育，公众对特斯拉已经有了相当深刻的印象，2009 年德国法兰克福国际车展，特斯拉正式为公众带来了 Model S 原型车，一款四门、四座豪华运动轿车，当然还是纯电动。

　　在外观设计上，我们仿佛看到了几分英伦风格，整体设计相当优雅，但又不失动感。内饰方面，最大的亮点来自中控台。一块巨大的 17 英寸触摸屏，整合了操作一台车的绝大多数功能，操作直观而且界面非常炫目。这点主要得益于几位创始人的 IT 背景，对网络时代的人机交互界面和用户体验有着更深刻的理解。

　　特斯拉创建于硅谷，其联合创始人兼 CEO 有诸多高科技创业背景，凭借两款产品就能打响市场，在软件上胜人一筹（电池控制系统和体验出色的中控），却将硬件部分交给合作伙伴（电池原件和底盘等）。无论如何，这都不是汽车企业的发展轨迹，这种模式更类似于苹果，很多人也因此称特斯拉为“汽车界的苹果”。

　　Model S 获得了美国杂志《Motor Trend》的 2013 年度车型，这是首次将年度车称号颁发给新能源车；美国《消费者报告》在满分 100 分的评价中，将这款车评为 99 分，是史上评分最高的车型。2013 年 5 月初特斯拉公布一季度财报显示，特斯拉上个财年收入从去年同期的 3010 万美元暴增至 5.6 亿美元，而且 10 年来首度盈利 1120 万美元，并提前 9 年还清政府贷款，特斯拉股价也一度突破 110 美元，市值达到 120 亿美元。

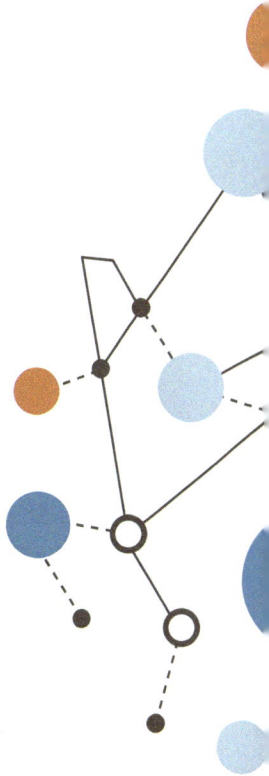

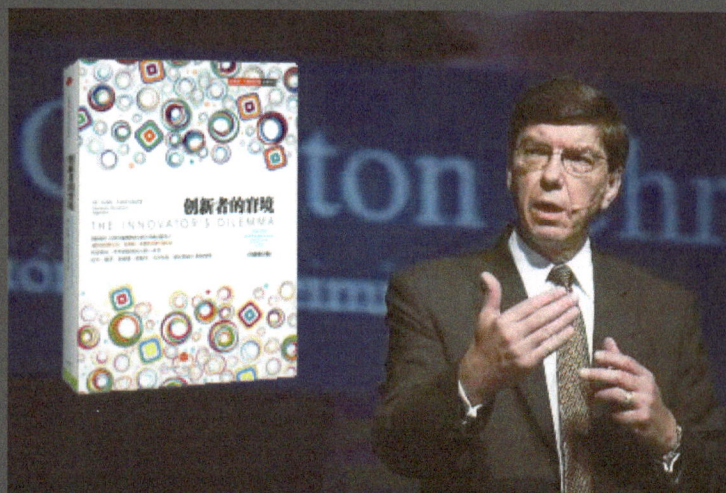

克里斯·坦森及其著作

良好的管理是导致领先企业马失前蹄的主因。

——克里斯·坦森

延续性技术与破坏性技术

1997 年，哈佛商学院教授克里斯·坦森在《创新者的窘境》一书中，探讨了一个重要的现象。那些曾经让许多管理者艳羡不已且相互竞争模仿的，因为其优秀的创新和执行力而闻名遐迩的企业在遭遇某种形式的市场变化和技术变革时，为什么无法继续保持它们的行业领先地位。克里斯·坦森的研究提出了一种观点"良好的管理是导致领先企业马失前蹄的主因"。

具体的，"因为这些企业倾听了客户的意见，积极投资了新技术的研发，以期向客户提供更多更好的产品和服务，因为它们认真研究了市场趋势，并将投资资本系统地分配给了能够带来最佳收益率的创新领域，最终都丧失了其市场领先地位"。

在书中他首次提出了"破坏性技术"一词。他说，反复的事实让我们看到，那些由于新的消费供给范式的出现而"亡"的公司企业，本应该对破坏性技术有所预见，但无动于衷，直至为时已晚。他们只专注于他们认为该做的事情，如服务于最有利可图的顾客、聚焦边际利润最诱人的产品项目，那些大公司的领导者一直在走一条持续创新的道路，而恰是这一经营路线，为破坏性新技术埋葬他们敞开了大门。

大多数新技术都会推动产品性能的改善，这些技术被称为"延续性技术"。所有的延续性技术所具有的共同点就是，根据市场的主流客户一直以来所看重的性能层面，来提高成熟产品的性能。特定行业的大多数技术进步从本质上说都具有延续性。

延续性技术有两个特征：第一，延续性地改善原有产品的性能，客户需要什么样的产品就做什么样的产品，而且越做越好；第二，技术进步的速度会超过市场的需求。

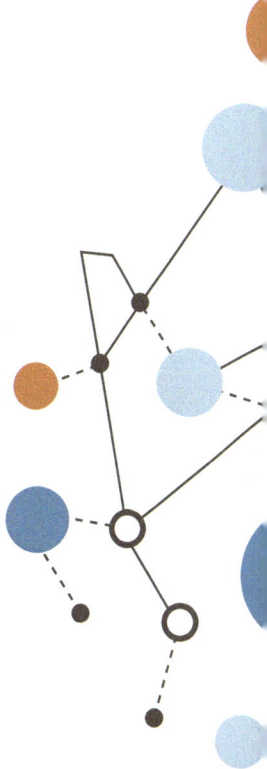

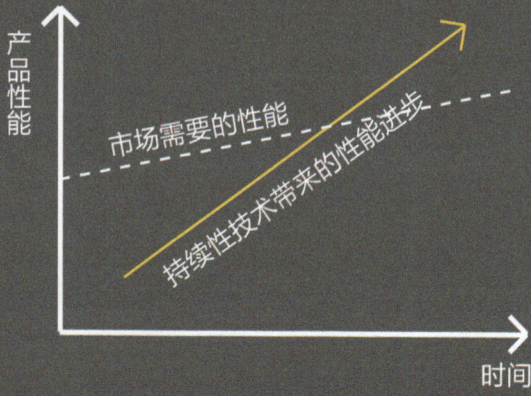

延续性技术

产品性能

市场需要的性能

持续性技术带来的性能进步

时间

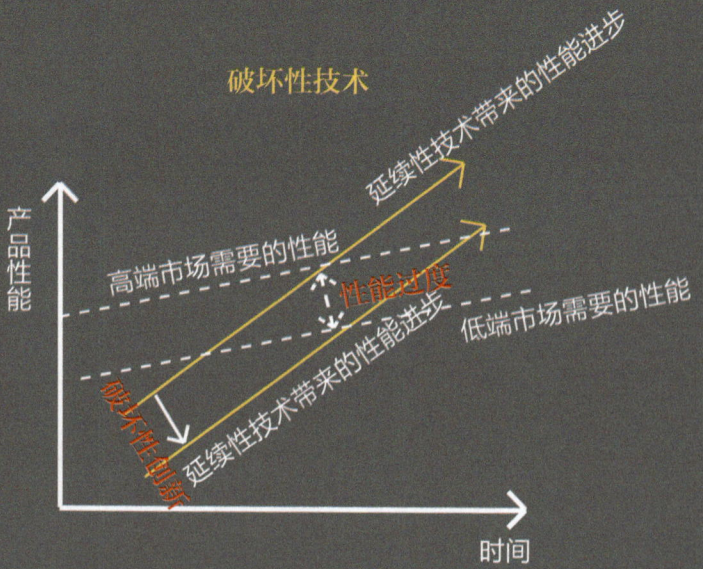

破坏性技术

产品性能

延续性技术带来的性能进步

高端市场需要的性能

性能过度

延续性技术带来的性能进步

低端市场需要的性能

破坏性创新

延续性技术带来的性能进步

时间

延续性技术进步能量巨大。事实上，许多企业为了保持领先地位，会努力开发具有更强竞争力的产品。但是这些企业没有意识到，随着他们竞相参与更高性能、更高利润市场的竞争，其追逐高端市场、提高产品性能的速度已经超出了客户的实际需求，并且最终失去意义。

破坏性技术最初一般只能应用于远离主流市场的低小型市场，但是破坏性技术之所以具有破坏性，是因为它们日后将逐渐进入主流市场，而且其性能将足以与主流市场的成熟产品一争高下。

破坏性技术具有两个方面的特征：第一，一方面降低原有性能指标，另一方面进入新的性能改善曲线；第二，通常更方便、更简单、更便宜。

破坏性技术通常不在原有的主要竞争对手重要的产品性能上进行竞争，而是进入一个新的性能改善曲线，这个新的性能改善曲线通常更便宜、更方便、更简单，或者更小、更可控。

破坏性技术的诀窍在哪儿？对于高端用户，延续性技术带来的进步为其服务。但是世界上并不只有高端用户，还有低端用户。当领先的技术满足高端用户的时候，对于大部分低端用户来讲就是性能过剩，他们买不起或不会用。

低端用户群体蕴含着一个巨大的机会，这时候如果破坏性技术的产品出现，将会开启一个巨大的低端市场。

重要的是，技术的进步步伐一定会超过市场需要的步伐。破坏性技术开始于低端，但不会止步于低端，实际上它也会实现延续性的技术改善和进步，当延续性技术带来的性能增加与高端市场的性能需求相交时，高端用户也会考虑选择新兴技术，因为它不仅便宜，而且性能能满足。破坏性技术虽然在产品的主流性能方面稍逊一筹，但是在新兴性能上有突破。

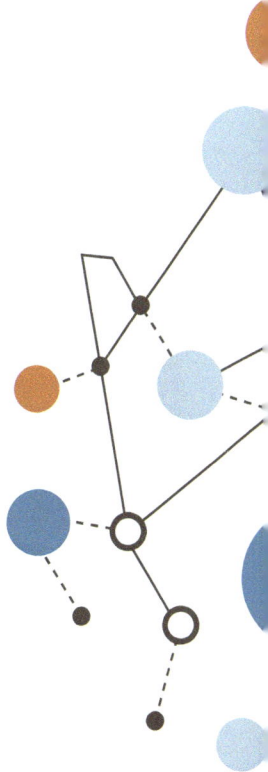

两类破坏性创新

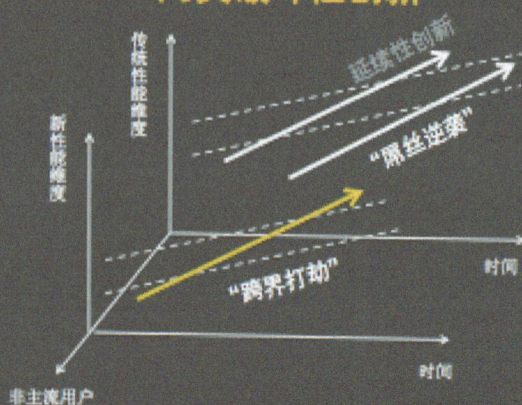

延续性技术 / 破坏性技术

	主流市场	新兴市场
成熟产品 成熟技术	大公司的逻辑 延续性技术	
新产品 新技术		小公司的逻辑 破坏性技术

有两类破坏性创新，一类是低端颠覆，俗称"屌丝逆袭"；另一种则是，产生一个新的市场空间，这个市场空间以前并不存在，而这个市场空间的性能纬度不同于传统的性能纬度，也就是"跨界打劫"。

延续性技术的目的在于保持既定的市场规则和模式，强化现有的市场格局和公司地位，主要为那些行业及细分市场的主导者或既得利益者所采用。

破坏性创新的目的则在于打破既定的规则和模式，试图推翻现有的势力平衡，改变竞争格局，以争取公司更有利的市场位置，甚至取代龙头老大的宝座。因此，颠覆性创新往往被那些有着远大抱负的后来者或意欲强行侵入该行业的外来者所采纳。

从创新的性质上看，延续性技术往往着眼于现有的业务模式，强调对现有产品、服务、技术及管理方式的改进，属于改良的范畴。而破坏性技术一开始就是要彻底打破现有的模式，要么用更优秀的产品和服务满足消费者的同一需求，如手机短信服务让 BP 机最终退出了历史舞台、数码相机的出现使传统影像市场急剧萎缩，或者干脆通过挖掘、提升消费者的需求，改变消费者的需求方式，从而从根本上否定原有的行业价值模式，如传真机的发明大大改变、提升了人们对通信的需求，使电报、电传逐渐走向衰亡；互联网、电子邮件的兴起也对传统邮政信件业务及贺卡行业构成了严重威胁。颠覆性创新带有革命的性质，往往会对原有的市场模式甚至整个行业构成致命威胁，甚至可能导致一个旧行业的消失和一个新行业的诞生。

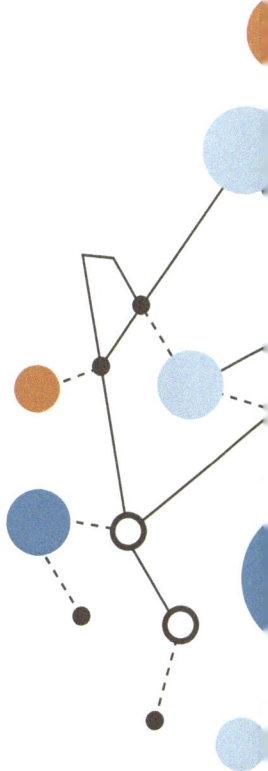

管理信息系统结构

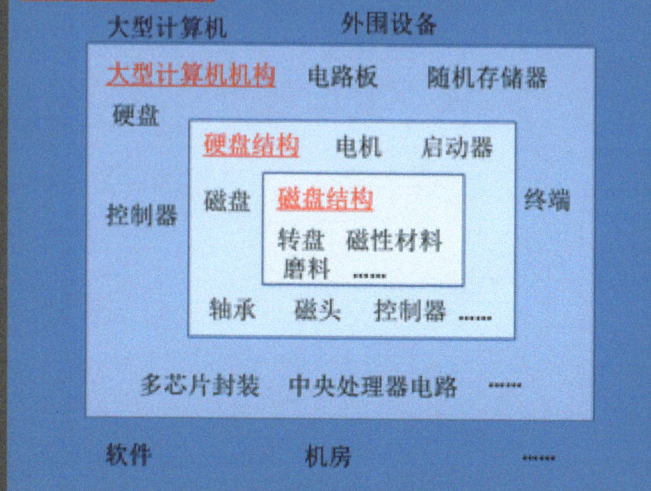

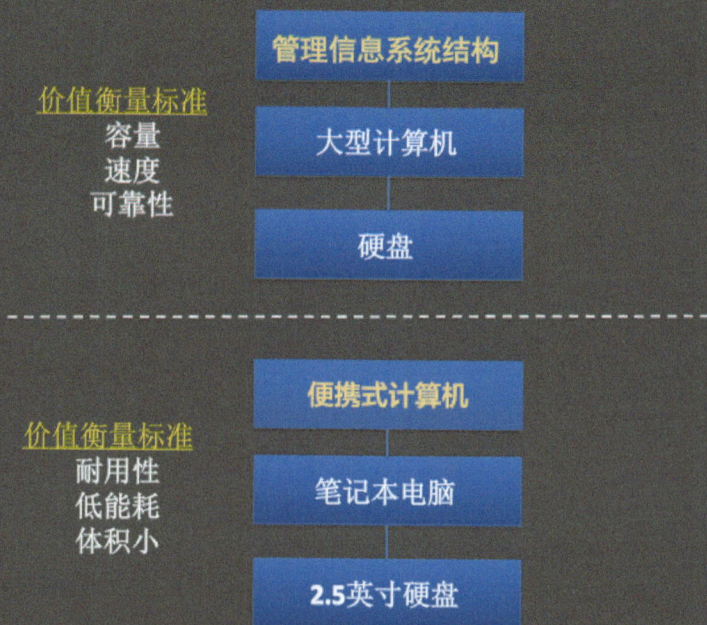

大型计算机　　　　　　外围设备

大型计算机机构　电路板　　随机存储器

硬盘

硬盘结构　　电机　启动器

控制器　磁盘　磁盘结构　　　　　　终端

转盘　磁性材料
磨料

轴承　磁头　控制器……

多芯片封装　中央处理器电路……

软件　　　　　机房　　　　　……

管理信息系统

价值衡量标准
容量
速度
可靠性

管理信息系统结构

大型计算机

硬盘

价值衡量标准
耐用性
低能耗
体积小

便携式计算机

笔记本电脑

2.5英寸硬盘

102

价值网络

价值网络，是一种经营价值系统与决策逻辑。企业正是在这种经营价值系统与决策逻辑下确定客户的需求，并对此采取措施，解决问题，征求客户的意见，应对竞争对手，并争取利润最大化。在价值网络中，每一家企业的竞争策略，决定了它对新技术的经济价值的理解。

企业是价值网络密不可分的组成部分，因为它们的产品通常会作为一个组成部分，以某种方式被分级装入或使用在其他产品中，并最终从属于终端应用系统。以管理信息系统为例，管理信息系统的结构综合了各种不同的组成部分，包括大型计算机、外围设备、软件、机房等。在下一个层次，大型计算机本身也构成了一个结构性系统，由中央处理器、多芯片封装和电路板、随机存储器电路、终端、控制器和硬盘等部件组成。再往下细分，硬盘也是一个系统，其组成部分包括电机、启动器、轴承、磁盘、磁头和控制器。再往下，磁盘本身也是由多个组件组成的系统。

虽然构成某一应用系统的产品和服务在理论上可以统一由一家大型综合性企业来生产，但实践中绝大多数产品和服务都是通过贸易活动从各个制造商处获得的，在更加成熟的市场中更是如此。即存在一个有关制造商和市场的嵌套式网络，通过这一网络，每个层次的组件在生产出来后，将被出售给系统中的下一个更高层次的集成商。这有点类似于俄罗斯套娃，一级级地分解下去，下一级是上一级的构成部分。

在不同的价值网络中衡量价值的方式也不尽相同。事实上，每一个价值网络都会按照重要性的大小，对不同的产品性能属性进行排序。从某种程度上来说，价值网络的界定就是由这种独特的排序方式所决定的。

如大型计算机、便携式计算机、工程工作站三种不同的价值网络中，在最高一级的价值网络中，硬盘的性能是根据其容量、速度和可靠性来衡量的；而在便携计算机价值网络中，重要的性能属性则是耐用性、较低的能耗和较小的体积。由此可知，每一个价值网络对产品价值的定义都不相同，因此在同一行业内会存在许多平行的价值网络。

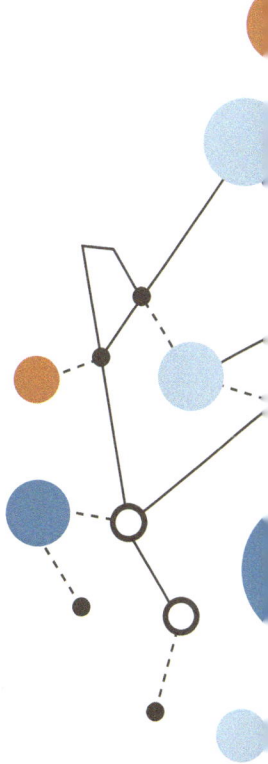

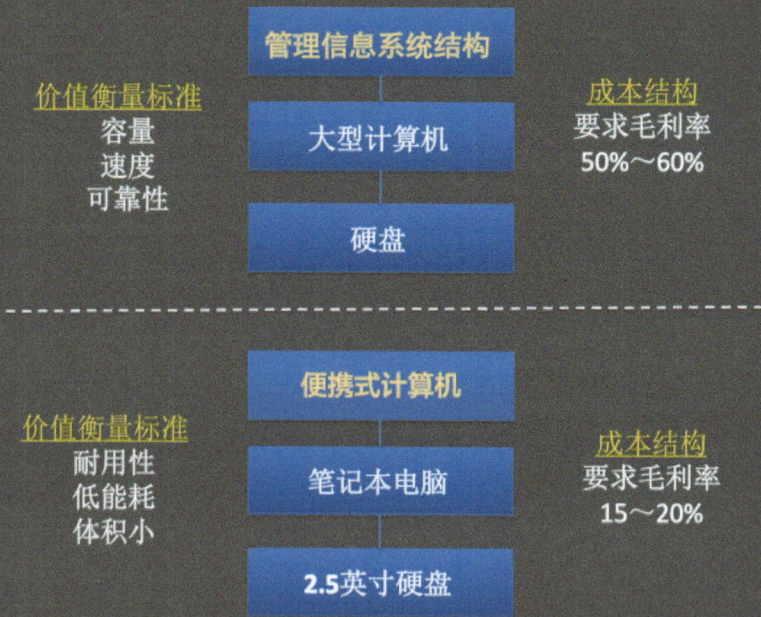

价值衡量标准
容量
速度
可靠性

管理信息系统结构

大型计算机

硬盘

成本结构
要求毛利率
50%～60%

价值衡量标准
耐用性
低能耗
体积小

便携式计算机

笔记本电脑

2.5英寸硬盘

成本结构
要求毛利率
15～20%

价值网络的定义并不局限于物理产品的属性。还涉及不同价值网络所特有的成本结构。大型计算机研究、设计和开发成本都比较大。由于有较低的产品销量和客户定制的产品配套等因素，生产制造的间接成本相对于直接成本显得非常高。直接向终端用户销售产品，需要高昂的销售人力成本，而且为复杂机器提供支持的现场维修网络也会持续产生相当高的成本。企业必须承担这些费用，才能为价值网络的客户提供所要求的产品和服务。因此，大型计算机的制造商和向他们出售 14 英寸硬盘的制造商，一直需要将毛利率保持在 50%~60% 之间才能涵盖各种开支。

但便携式计算机价值网络内的竞争，则涉及一种截然不同的成本结构。便携式计算机制造商在组件技术研究方面的花费很少，更倾向于向经销商采购经过验证的组件技术来生产计算机。包括在劳动力成本较低地区组装数百万种标准产品，其大多数销售都是通过全国性的零售渠道或直销完成的。其结果就是，身处这一价值网络中的企业，只要毛利率达到 15%~20% 就能实现赢利。由此可见，不同的价值网络是由客户通过一些特定的排序所界定的，同样，它也是由在特定成本结构基础上提供有价值的产品和服务的要求所界定的。

每个价值网络成本结构的特点，都会影响企业对具有获利潜力的创新项目的判断。从本质上来说，在企业价值网络内受到重视，或发生在基本毛利率较高的价值网络内的创新，将被视为是有利可图的创新。另一方面，那些因为属性方面的原因，只有在毛利率更低的价值网络内才能显示出价值的技术，则不会被认为是有利可图的创新，而且也不太可能获得各种资源或引起管理者的兴趣。

总之，技术机遇的吸引力和制造商在利用这一机遇时将会遇到的困难程度，是由该企业在相关价值网络中所处的位置及其他诸多因素决定的。成熟企业在延续性创新中所表现出的强势和在破坏性创新中表现出的弱势，以及新兴企业与之正好相反的表现，均不是由成熟企业和新兴企业之间的技术或组织能力的差异所导致的，真正的原因是它们处在行业不同的价值网络中。

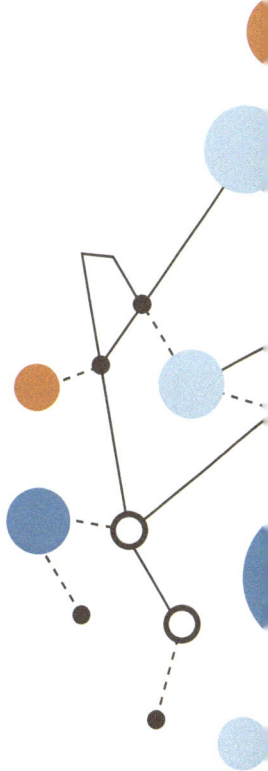

创新者的窘境

　　破坏性技术首先由成熟企业研制成功。虽然新兴企业在破坏性技术的商业化应用方面处于领先地位，但这类技术往往是由成熟企业的工程师利用非正规渠道获得的资源首先研制成功的。由于很少由企业高层发起，这些结构性创新设计所采用的部件几乎都是现成的。

　　市场营销人员随后收集公司主要客户的反馈。接着，工程师开始向市场营销人员展示他们制作的样机，并向他们询问是否存在一个需要这种体积更小、价格更低（性能较差）的硬盘的市场。市场营销部门按照其测试新型硬盘对市场的吸引力的惯常做法，开始向现有产品的主要客户展示这些样机，并且要求他们进行评估。客户往往希望能沿着既定的性能发展轨道进一步提高其产品性能。看到客户的兴趣不大，市场营销人员得出悲观的销售预测。此外，由于产品结构更加简单、性能更低，预期利润率也低于性能更高的产品，因此财务分析师也会加入反对破坏性创新项目的阵营。

成熟企业加快对延续性技术的开发步伐。为了满足当前客户的需求，市场营销经理会全力支持一些延续性技术项目，这些项目不仅可以满足客户的需求，并且可以在市场上获得维持增长所必须的销售额和利润率。尽管这通常意味着研发费用的增加，但相对于破坏性技术的投资，这种延续性投资的风险似乎要小得多，因为客户是现成的，客户需求也是已知的。

新企业已经出现，破坏性技术市场在反复尝试中逐渐成型。为了开发破坏性产品结构，新企业纷纷成立，其中通常包括在成熟企业中郁郁不得志的工程师所创立的新企业。但这些新成立的创业企业难以吸引成熟的制造商采用它们的破坏性结构产品，因此，它们不得不去寻找新客户，其实就是卖给任何愿意购买其产品的人。在不断的反复尝试中，这些产品的主要市场应用领域终于出现了。

新兴企业向高端市场转移。一旦创业企业在新兴市场上打下运营基础，其便认识到，通过不断改进新的组件技术，能够以更快的速度来提高性能，并逐步将目标瞄准更加高端的市场。

成熟企业对低端市场和新兴企业对高端市场的看法并不对称。成熟企业在审视新出现的低端市场时，会认为这些市场的利润率和市场规模都不具有吸引力；与之相反，新兴市场则认为，更加高端的高性能市场的潜在销售额和利润率极具吸引力。成熟市场的客户最终会接受他们曾经拒绝过的新产品，因为新兴企业提供的产品在售价、速度和可靠性等方面都开始追赶，超越了上一代产品。

成熟企业在维护客户基础方面棋慢一招。当新兴市场开始侵入主流市场时，曾经主导的企业开始寻找之前束之高阁的技术产品，并将产品推向市场。新兴企业已经在制造成本和设计经验上建立了自己的优势，这些成熟的企业可能面临被淘汰的厄运。

这一悲剧之所以发生，是因为现有公司资源配置流程的设计总是以可持续创新、实现利润最大化为导向的，这一设计思想最为关注的是现有顾客及被证明了的市场面。然而，一旦破坏性创新出现（它是市场上现有产品的更为便宜、更为方便的替代品，直接锁定低端消费者或者产生全然一新的消费群体），现有企业便立马瘫痪。为此，它们采取的应对措施往往是转向高端市场，而不是积极防御这些新技术、固守低端市场。然而，颠覆性创新不断发展进步，一步步蚕食传统企业的市场份额，将最终取代传统产品的统治地位。

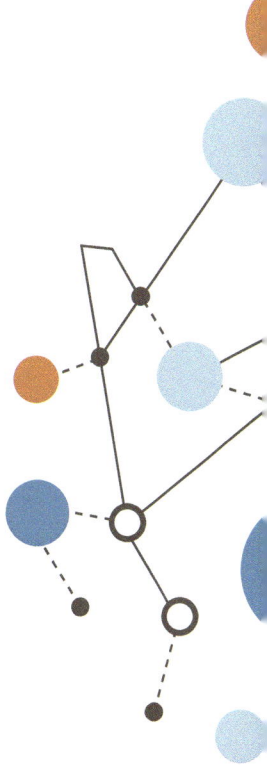

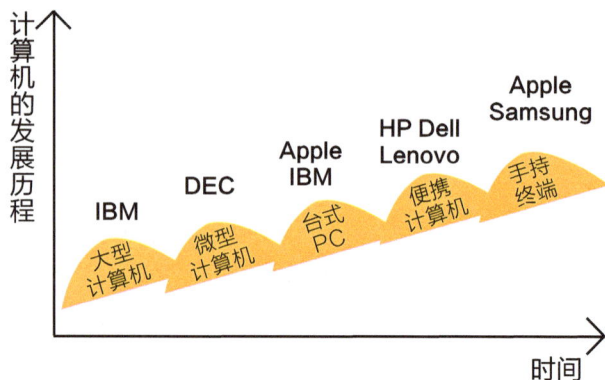

计算机的发展历程（纵轴）

- IBM / 大型计算机
- DEC / 微型计算机
- Apple IBM / 台式 PC
- HP Dell Lenovo / 便携计算机
- Apple Samsung / 手持终端

时间（横轴）

计算机行业的发展和硬盘行业的发展具有相似性，因为后者所在的价值网络从属于前者。计算机行业的龙头企业 IBM 公司生产大型计算机，主要销售给大型机构的集中核算和数据处理部门。对 IBM 公司及其竞争对手来说，微型计算机的出现代表了一种破坏性技术：它们的客户不需要这种产品；新产品的利润率更低；而且最初的市场规模非常小。因此，大型计算机制造商在接下来的几年忽略了微型计算机的存在，而任由 DEC 公司、通用数据公司、Prime 公司、王安公司和利多福公司等新兴企业创造和主导微型计算机市场。IBM 最终推出了自己的微型计算机产品，但从总体上说这仍算是一项防御性措施，因为当时微型计算机的各项功能已经发展到一定阶段，其性能已具备竞争力，可以满足 IBM 公司一些客户的计算需求。

同样，没有一家微型计算机制造商最终发展成为个人台式计算机市场的主要制造商，因为对它们来说，台式计算机是一种破坏性技术。个人计算机市场是由另外一些新兴企业创造的，这其中包括苹果公司、IBM 公司、Commodore 公司、Tandy 公司。到了 20 世纪 80 年代末，台式计算机的性能已经能够满足微型计算机客户的要求，微型计算机企业也开始由盛转衰。在便携式计算机出现后，历史再度重演，只是创造和主宰这一破坏性市场的换成了东芝公司、夏普公司和 Zenith 公司等新兴企业。而领先的台式机计算制造商（苹果公司和 IBM 公司），在便携式计算机的性能满足客户对计算机性能的需求之前，并没有能够推出自己的便携式计算机产品。

在破坏性技术变革中，DEC 公司仅仅在数年内就从天堂坠入地狱，因为独立的工作站和联网式台式计算机几乎在一夜间解决了大多数客户对微型计算机的需求。

其实，从 1983 年到 1995 年，DEC 公司曾针对客户的需求四度推出个人计算机产品，这些产品比该公司生产的微型计算机简单得多，但又四度退出个人计算机市场。最终，DEC 公司也未能在这个它认为有利可图的价值网络内站稳脚跟。这其中的一个重要原因，可能是因为它的四次尝试都是在母公司内部进行的。即便是发展个人计算机业务的提案得到了管理层的支持，但那些负责日常资源分配流程的公司员工一直认为不应该为主流客户并不需要的低利润产品投入那么多资金、时间和精力。而能带来更高利润的高性能产品开发提案则能获得所需的资源。

IBM 公司在进入个人计算机市场后的头五年取得了成功，而其他领先大型计算机和微型计算机制造商则未能抓住破坏性台式计算机发展的潮流。IBM 的成功得益于 IBM 为了发展个人计算机事业，在远离纽约州总部的弗罗里达州成立了一家独立机构。这个独立的机构有权向任何供应商采购组件，可以通过自己的渠道销售产品，还建立了一个与个人计算机市场对技术和竞争力的需求相符的成本结构。如此，这个机构就可以按照个人计算机市场所特有的成功法则来实现最终的目标。而后来 IBM 公司决定开始大力加强个人计算机部门与主体结构之间的联系，则成为导致 IBM 公司难以维系它在个人计算机行业赢利能力和市场份额的一个重要因素。两种成本结构和两种赢利模式似乎很难在一个公司内实现和平共处。成立两个彼此独立的机构，从属于不同的价值网络，来吸引不同的目标客户，可能才是突破创新者窘境的王道。

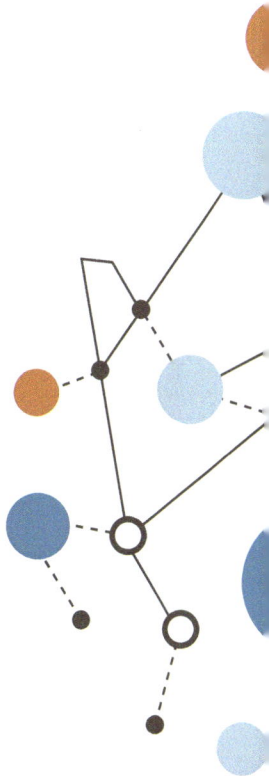

特斯拉汽车公司产品的切入路径，恰恰是回避传统燃油汽车市场数目庞大的中端利基客户，开拓的是**注重身份、环保和高性能**的新的客户群体。

案例分析：电动汽车特斯拉

20世纪初，电动汽车在"何种设计能成为汽车的主流设计形式"的竞争中，输给了汽油动力汽车。自此以后，电动汽车就一直徘徊在传统汽车市场的边缘。

在用户使用汽车的过程中，需要一定的行驶里程（即在两次加油之前汽车能够行驶的距离），还需要能够满足在10秒钟内从0提升到60英里（高速公路上并入车流的安全速度），主流市场的购车者还希望能有多一点儿的选择。因此，电动汽车实际上能够提供的功能都逊色于汽油动力汽车。电动汽车在初始阶段并不能应用于主流领域，因为它不能满足市场对性能的基本要求。鉴于资源依赖理论和"小市场无法解决大企业的增长或赢利需求"的原则，大多数汽车制造商都将非常短视地将注意力全部集中在主流市场上。

与转型造电动汽车的传统汽车企业不同，特斯拉创立之初就拥有科技公司背景，他们的核心竞争力在于对电池和电动机技术的把控，而非传统汽车的行驶机构。

一直以来，性能过度供给为更简单、更便宜、更便捷，且几乎总是为具有破坏性的技术进入市场打开了一扇门。性能过渡供给的现象似乎确实发生在了汽车行业。汽车车身和发动机的尺寸、时速从0提升至60英里所需的时间，以及客户应对过多选择的能力都面临着许多实际的限制。产品竞争和客户选择的基础将从这些功能性指标转向可靠性和便捷性等属性。

特斯拉汽车公司产品的切入路径，恰恰是回避传统燃油汽车市场数目庞大的中端利基客户，开拓的是注重身份、环保和高性能的新的客户群体。特斯拉汽车以操作简便、 设计人性化著称，没有在从传统燃油汽车向纯电动汽车转换的过程中添加任何使用上的不便， 反而优化了用户体验。

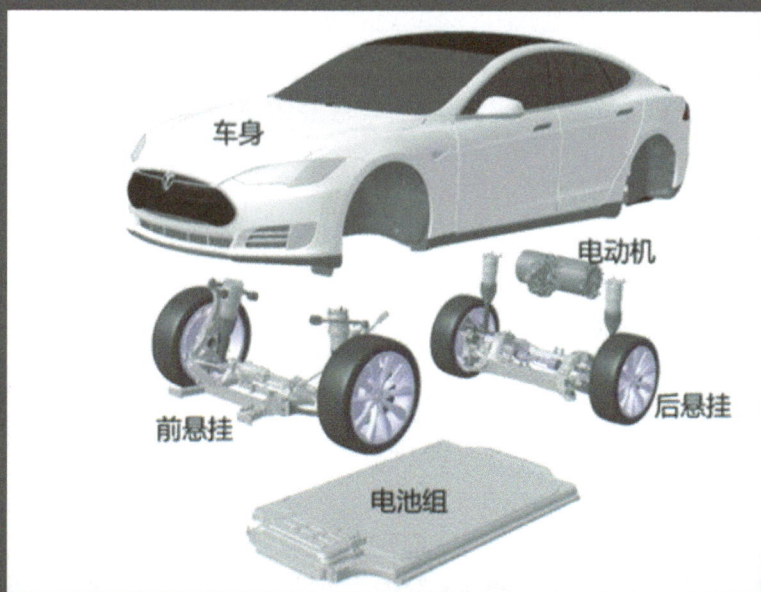

特拉斯的汽车基本结构

特斯拉的前备箱和后备箱

特斯拉汽车的设计，没有发动机，也没有传统的传动设备。特斯拉汽车的主体部分是电池，都在底部，底部是高密度铝合金的支架，电池分装在里面。后面两个轮子是马达，马达的尺寸基本也不超过一个西瓜的大小，这样整个车子有巨大的空间。特斯拉汽车有两个厢，前备厢和后备厢，这种独特的设计打开了整车的空间。由于前备厢产生巨大的空间，车的安全性非常棒，它给整个前面的撞击开拓了很大的空间。

在实际使用中，消费者关心的充电和电池维修保养问题，特斯拉给出了比较完备的解决方案。目前，特斯拉提供 3 种充电模式，第一种为普通民用电充电，接入美规 120V 家用电即可，充电效率约为每充电一小时可行驶 31 英里 (50 公里)；另有特斯拉高效充电方案，在车主家的车库内进行改装，充电电压和充电效率均翻倍，而且改装费用据称还是由特斯拉承担。最后一种则是特斯拉建立在美国主要高速公路网的"Supercharger"超级充电站设施，只需一小时就可充满电。对于没时间充电的消费者，特斯拉还推出了名为"Live Pack Swap" 的电池包更换服务，更换整个电池包只需 90 秒，比加油还快两倍，而且车主全程无须下车。换一次电池包的费用同加满一箱油的费用相当。为解决用户的后顾之忧，特斯拉给用户免费提供 8 年的电池维修和更换服务。同时针对用户对于充电方面不方便的考虑，它在全国用太阳能板建网点，用户可以免费使用充电网，在整个过程中间不产生任何费用。

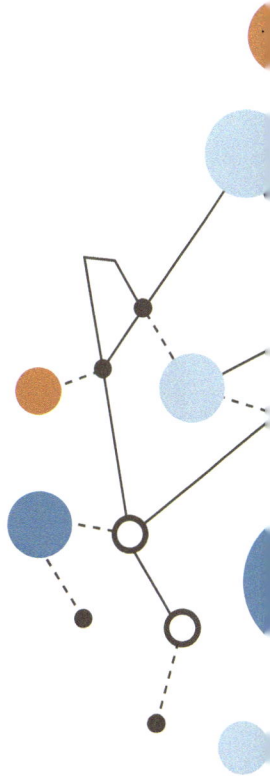

特斯拉的车库改造方案

特斯拉 LivePack swap

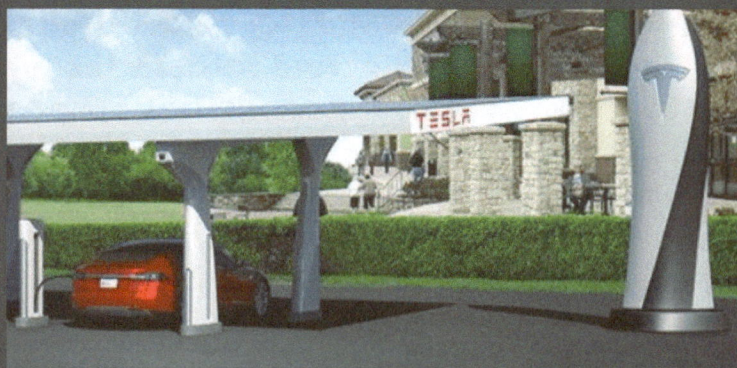

特斯拉的super charge

相比传统汽车，特斯拉汽车的结构相当简单，主要部件包括电动机、变频器、车轮、减震与刹车系统，还有整个底板的电池组。没有了引擎、变速箱、传动轴，特斯拉官方称特斯拉已经没有多少易损部件，真正的转动部分只有车轮和电机。

此外，特斯拉汽车整个车的控制中心是一个 17 英寸的显示屏，构成汽车和整个互联网对接的主要通道。特斯拉汽车有智能手机 APP 端，可以对整个车实现远程控制。另外通过数字化的大脑，可以实时更新操作系统。

汽车保养也变得非常简单，不需要按公里数更换机油三滤，更不需要更换变速箱油、差速器油，只有常规的电路检查，以及给那个 17 寸的显示屏进行软件升级，带给特斯拉更多、更稳定的性能。

特斯拉并没有走传统经销商的模式，渠道包括体验店和网络直销。特斯拉在高端的购物中心设立体验店，消费者可以到一个体验店去感知特斯拉，并通过网络预约试驾。而体验店里的销售人员并不会给你推销某一款产品，而是让你更好地体验。如果你中意某款车型，可以通过网络下单，汽车会从厂家直接发送给你。

特斯拉的购买采用的是预订模式，与传统汽车的购买模式正好相反，先预订，支付现金，再到生产，再支付款项给生产商。这不仅给特斯拉带来大量现金流，也减低了市场风险。

特斯拉汽车的成功是其在技术和商业模式两个层面进行破坏性创新的结果。特斯拉汽车真正解决了其他纯电动汽车和传统燃油汽车竞争时在续航里程、百公里加速、操控性等方面的短板；商业模式的破坏性创新则保障了其产品能迅速打开销路，并实现了公司财务的健康发展。

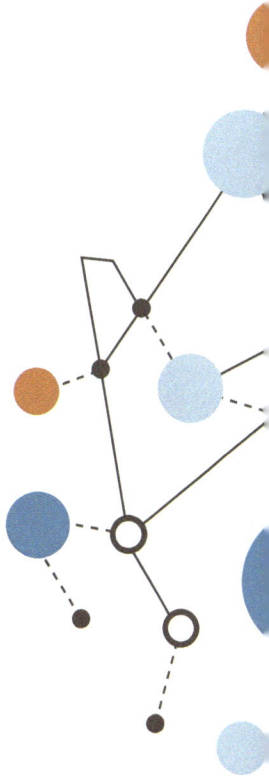

乔布斯与 iPod

应用拓展

　　乔布斯在 1997 年重返苹果公司之后，在最初的三年也曾经在热门的个人计算机上进行创新。比如，设计了一些苹果机彩壳，一时间争取到了眼球，但并没有成功，卖个人计算机卖不过戴尔，卖系统则卖不过微软。没办法，乔布斯只好从大公司看不上的 MP3 开始入手。

　　从苹果公司 2001 年开始做 iPod 开始，乔布斯带领着苹果公司重新踏上了创业的道路。iPod 是一款 MP3 播放器，当时 MP3 已经满街都是。对于微软、戴尔这样的大公司来说，MP3 没有前途、没有价值。iPod 之所以流行，首先在于它一流的设计，跟其他 MP3 相比，iPod 鹤立鸡群。从 iPod 开始，每一个微小的创新持续改变，都成就了一款伟大的产品。在 ipod 中加入一个小屏幕，就有了 ipod Touch 的雏形。有了 ipod Touch，任何人都会想到，如果加上一个通话模块会怎样呢？于是就有了 iphone。有了 iphone，把它的屏幕一下子拉大，不就变成了 ipad 了吗？

　　然而，一切看似眼花缭乱、万象众生的东西，其实无不是从那个"一"开始的，这个"一"就是 ipod。当苹果推出 iphone 的时候，ipod 在全球的销量已经超过了 1 亿部。这 1 亿多部 ipod 不仅为苹果创造了口碑，创造了品牌，而且也为苹果捕捉了不少消费者的体验。如果没有这个台阶，乔布斯一上来就做 iphone，也不见得会成功。

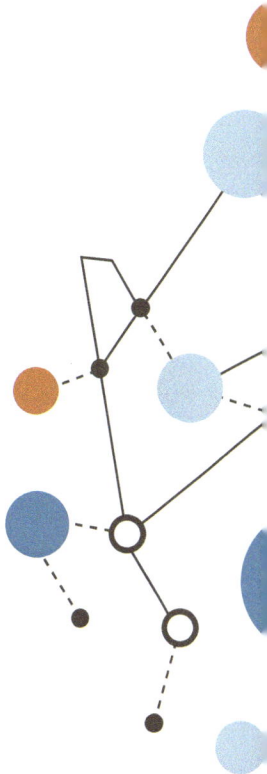

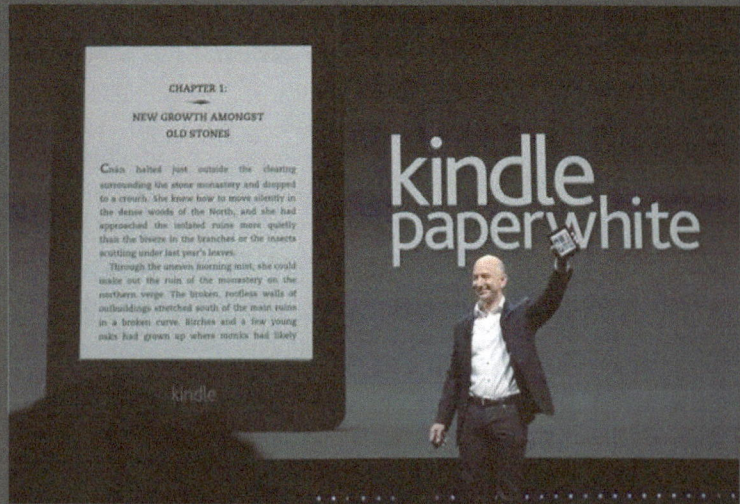

大家公认的中央处理器的王者是英特尔。有一家公司 AMD 一直在跟英特尔竞争，却一直不能超越英特尔。为什么？因为 AMD 一直跟着英特尔的游戏规则走，比谁计算能力更强。

但另外一家公司在另一个层面上打败了英特尔，这家公司是 ARM。ARM 不比谁的计算能力更强。它就比功耗低，就做低端市场，就做不起眼的手持设备。手持设备最致命的就是耗电、发热。但当手持设备流行起来的时候，手机、机顶盒、汽车、家用电器里面都是轻量级的中央处理器，ARM 就起来了。ARM 也投资不起英特尔那种 10 亿美元的大厂，就把所有设计方案输出。今天苹果、三星、华为都做自己的芯片，但都是靠 ARM 的授权。反过来，今天英特尔要学低功耗、低计算能力会很痛苦。

亚马逊是全球第一大网络纸质书书店，但也创造了 Kindle 阅读器，供用户以低价购买和下载电子书。那么，Kindle 是在什么背景下诞生的呢？

当苹果推出音乐播放器 iPod 的时候，杰夫·贝佐斯感受到巨大的威胁。因为苹果占有音乐数字领域后，也会迅速切入数字阅读领域。因此，他把数字阅读当作下一个重大的方向。他任命凯撒负责，凯撒非常不解。凯撒说："我负责的是亚马逊极为关键的业务，而你现在却要我放下，去做一个根本不知道未来的方向，而且从来没有人做过，也不知道业绩如何，你到底怎么想的？"杰夫·贝佐斯说："你的工作就是干掉自己的生意，目标就是让所有卖纸质书的人都失业。"

4

『互联网＋』时代的发展模式

PART 5

"互联网＋"时代的管理模式

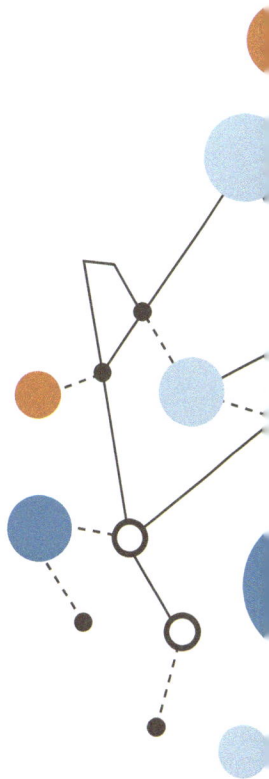

案例：360 免费杀毒

　　2005 年中国网民是 1 亿，互联网的普及率大概是 8%。在 2006～2009 年，网民到网上下载软件，下载的软件可能并不是你想要的，而是会给你弹广告、弹色情网站的广告插件。不仅如此，还出现了各种木马，QQ 号、游戏装备会被盗。那个年代，除了网易，几乎所有的互联网公司都做插件，不经用户同意，强制性地向电脑里面安装，然后劫持流量，乱弹广告。老百姓把这种插件叫流氓软件。

　　在 360 出现之前，杀毒软件在中国已经存在了十多年。这些杀毒软件厂商每年会更新一个版本，然后总结出十大功能、八大卖点。通过大量的软文进行软件销售。为了拉动销售，一些厂商还会发布杀毒软件的免费体验版。但免费往往只有半年的时间，等免费期一到，如果不交钱购买正版，那么杀毒软件将不再更新病毒库，实际上也就失效了。杀毒软件厂商一直以卖软件为核心业务模式，通过设立价格门槛，只服务于一小部分用户群。这种业务模式造成了互联网的安全灾难，没有安装安全软件或者安装了盗版安全软件的计算机都成为了病毒、木马的乐园。

但杀毒厂商不会关心这个问题，更不会着手解决这个问题，因为解决了这个问题，不会给其带来收入，于是缺乏动力去做这些事。另一方面，这些流氓软件大多都是知名互联网公司做的，杀毒软件厂商并不是没有能力查杀，而是做这种事得罪人，这也是流氓软件泛滥的原因。

流氓软件肆虐，用户叫苦不迭。如何解决流氓软件问题，分为两个派别。一派是"法律派"，认为流氓软件的问题必须通过法律来解决。但是，互联网发展的速度飞快，而且在互联网上取证非常困难，先不说能不能立案，即使能立案，官司完整地打下来，也需要好几年。另一派是"政府派"，认为要通过政府部门来解决问题。潜台词是老百姓永远是草民，碰见问题需要政府给自己当家做主。但是，有更多重要的问题等待政府来解决，政府哪有工夫解决流氓软件？

360公司的出现，就像是池塘中的鲇鱼，颠覆了传统杀毒市场的旧的竞争规则，建立了一套全新的玩法。360公司主张的是第三条道路，"以暴制暴派"，就是把武器发给用户，让用户来解决问题。用户被流氓软件欺负，就是因为不懂技术。360公司给用户一个免费的工具，能把流氓软件都干掉。这样的话，电脑就太平了。

360公司建立的新的游戏规则不是传统的吆喝卖货的套路，而是一套全新的互联网的玩法。360软件的免费可能被大多数人认为是其成功的关键，但实际上360公司通过一步一步踏实地解决网民的安全问题，把安全做好，把体验做好，才是360公司的核心竞争力。

360安全卫士解决了泛滥的流氓软件问题，得到了最初的5000万用户，接着又专注于解决各种未知的木马问题，得到了随后的1亿用户。360公司最早跟杀毒厂商合作，后来因为对免费的理念不一致而分崩离析。再后来，360公司通过从国外购买防毒技术，并进行消化吸收和本土化，结合自身的技术力量，推出了360免费杀毒软件，得到了随后的2亿用户。

安全问题永无止境，2008年以后网络游戏特别火，游戏账号和装备的失窃问题时有发生，于是360公司又推出了360保险箱，专门保护网游账号；之后又推出了360软件管家、360安全浏览器等，360持之以恒地做安全这件事，获得了用户的信任，形成了用户基数，在不知不觉之间建立了商业模式。

埃里克·莱斯

IMVU 公司开创的这种方式建立在过去很多管理和产品开发的理念之上，包括**精益制造、设计思维、客户开发和敏捷开发**，它代表了一种不断创新的方法，被称为**"精益创业"**。

火箭式创业与精益创业

2004 年，一群创业者成立了一家新公司，他们心怀大志希望通过一项称为"虚拟人像"的新技术改变人们的交流方式。这个概念比卡梅隆执导的科幻片《阿凡达》中的"虚拟化身"更早问世。埃里克·莱斯正是这家名为 IMVU 公司的联合创始人兼首席技术官。在这次创业过程中，他和他的团队决心要离经叛道地犯一些"新的错误"。

比如，原本应该花几年时间来完善技术，但团队在早期就开发出一个最小化的可行产品，它糟糕透顶，漏洞百出，并且稳定性上也存在着不少问题，甚至还随时会让计算机崩溃，但团队居然在尚未做好充分准备时就将其推向受众。而且，它还是收费的。抓住了最初一批顾客后，他们不断地修改产品，每天推出十几个新的版本，这已远远高于传统标准。传统的商业观念认为这种方式是行不通的，但实际上运营得不错。IMVU 取得了巨大的成功，其顾客创造了 6000 多万个虚拟人像，公司成为了赢利公司，2011 年的收入超过了 5000 万美元，位于美国加州山景城的办公室员工过百。IMVU 的虚拟产品目录，几年前看上去还风险重重，如今拥有了 600 多万件产品，每天还要新增 7000 个，而且几乎全部是顾客自己创建的。

IMVU 公司开创的这种方式已经为全球创业企业家的新动向奠定了基础，它建立在过去很多管理和产品开发的理念之上，包括精益制造、设计思维、客户开发和敏捷开发，它代表了一种不断创新的方法，被称为"精益创业"。埃里克·莱斯关于精益创业的思考在某种程度上借鉴了制造业，特别是日本丰田生产系统的精益生产理论。由丰田公司的大野耐一和新乡重夫发展出来的精益的思考方法大大改变了供应链和生产系统的运作方式。它的原则中包括吸取每位员工的知识和创造力、把每批次的规模缩小、实时生产和库存管理，以及加快循环周期。

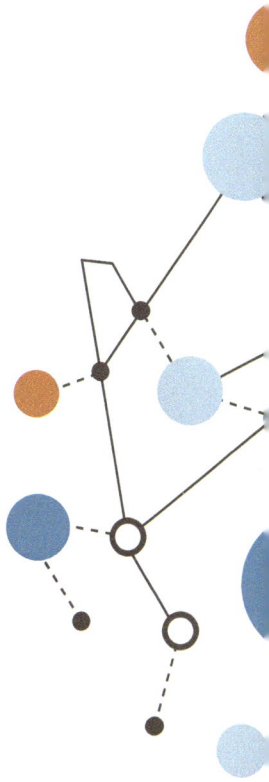

大野耐一　　　　　　　　新乡重夫

精益创业是研究创新产品开发的一种新方式，强调要同时兼具快速循环运作和对顾客的认知。

精益创业犹如**开汽车**
传统创业犹如**火箭发射**

精益生产让全世界懂得价值创造活动和浪费之间的差异，揭示了如何由内而外地将质量融入产品之中。精益创业在"创业"的背景下对上述这些概念加以改造，提出创业者判断其进展的方法应该和其他类型的企业有所不同。

精益创业要求人们用不同的方法衡量生产力。因为新创企业总会时不时弄出一些没人要的东西，至于这些东西是不是及时开发出来的，或者是不是在预算之中并非重点。新创企业的目标在于弄明白到底要开发出什么东西，它得是顾客想要的，还得是顾客愿意尽快付费购买的。换言之，精益创业是研究创新产品开发的一种新方式，强调要同时兼具快速循环运作和对顾客的认知。可以发现，IMVU 的创业过程遵循的就是精益创业的思路和方法。

埃里克·莱斯将精益创业比喻为开汽车，你需要的不是基于众多假设制订复杂的计划，而是可以通过转动方向盘进行调整。通过这样一个驾驭过程，我们可以知道何时及是否到了急转弯的时刻——"转型"时刻，或者我们是否应该坚持走在当前的道路上。一旦引擎加快转速，精益创业提供了以最大加速度扩充和发展业务的方法，那么在这个驾驶过程中，你总是清楚地知道目的地所在。

但是，在当时传统的主流创业思路并不是这样的。硅谷是全球的创业大本营，是创业者的梦工厂，同时也是创业思维的发源地。硅谷的主流创业思维其实是依靠人物的设想：某个具有天赋的创业人物，有一个好点子，风险投资跟进，之后封闭开发，最终投放市场，接下来就是进行大规模的复制扩张。在这个时期硅谷主流的创业思维就是快速扩大，而风险投资家则是推波助澜者。

埃里克·莱斯将这种创业的过程比喻成火箭发射式的创新。一艘火箭在发射时必须依据最精确的动作发射指令进行：每次推进、每次助推器点火及每次改变航向。在发射时哪怕只是微小的失误也可能功亏一篑发生灾难性的后果。长期以来，这种火箭发射式的创业思维在硅谷非常主流，但其最大的弊端在于，整个创业过程中缺乏持续的反馈、试错和验证，而把所有的赌注都集中在最后按下按钮的那一刻。但真正等到按下按钮的那一刻，一切可能都已太迟。对于一个项目要么能赚 100 亿美元，要么就一分都赚不到。

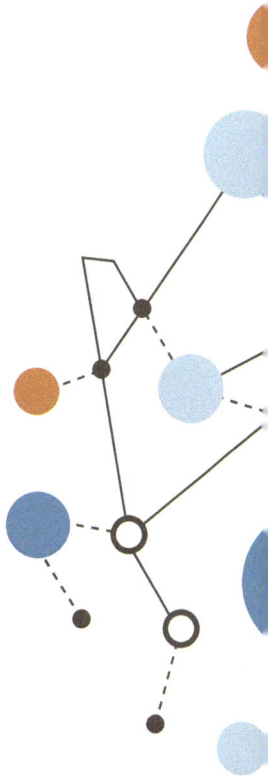

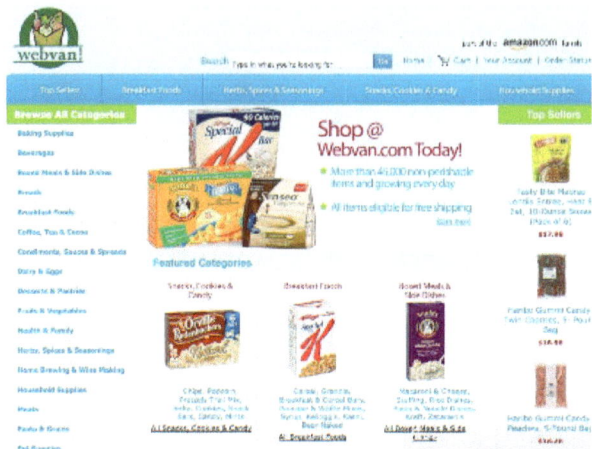

　　火箭发射式的一个极端案例是路易斯·鲍德斯创建 Webvan 的过程。Webvan 是生鲜杂货电商。这个公司成立于 1996 年，其商业模式是：用户在线上完成订购的功能，而线下是一个大型仓库，围绕这个仓库建立的配送队伍进行商品配送。Webvan 一上来就在旧金山投资了 4000 万美元建成了一个非常现代化的仓库，目的是为旧金山市区半径为 60 英里范围内的居民服务。它的目标是挑战传统的线下生鲜杂货巨头，用这个仓库及它对应的配送系统，来全面覆盖旧金山地区的市民。

虽然发生在 1999 年，但即使按今天的标准来看，它也是非常先进的。仓库中使用了机器人，Webvan 希望用机器人来代替所有人工的分拣，实现全自动配送。整个仓库的软件都是 Webvan 内部团队开发，花了大概 1600 万美元；而光是整个仓库系统里的电线就花了大概 500 万美元。这个先进的仓库系统在技术上几乎是无懈可击的。但问题出在 Webvan 似乎找不到需要它的广大用户。在 1999 年投入使用后，始终也没有达到它所期望的订单数和用户数。

　　Webvan 的故事成为互联网泡沫时期最深刻的教训，那就是即便理念非常正确，也别发展得太快。然而 Webvan 就像发了疯的孩子一样，拼命地往前跑，直到撞上南墙，成为整个互联网泡沫阶段最大的失败。在短短 18 个月的时间里，Webvan 成功上市融资 3.75 亿美元，市场范围从旧金山海岸地区扩展到美国 8 个城市，并从 0 开始建立起一套巨大的配套基础设施（其中包括耗资 10 亿美元购入一片高科技园区的仓库）。当时 Webvan 的市值为 12 亿美元，每股最高价格为 30 美元，还提出了美国 26 个城市的扩张方案。但是零售业的利润低，Webvan 无法获取足够的用户来支撑这么一个庞大的网络。2001 年 7 月，Webvan 倒闭，2000 多名员工失业。

　　然而，在这次失败之后，鲍德斯并没有从中吸取教训。在接受记者采访时，鲍德斯对 Webvan 灾难性的失败说：“我不认为我们做错了什么，做公司就像发射火箭一样。发射之前，你需要把可能想到的、遇到的每一件事都想清楚，你不可能在火箭升空的过程中再给它添加燃料。”鲍德斯在创业过程中持有的是典型的火箭发射式思维。在 Webvan 失败后，他又创立了鲍德斯书店，结果也以破产告终。

　　正是因为 Webvan 失败的案例，大概从 2005 年开始，硅谷开始重新审视和定位创业思维。在这一轮的创业思维中，传统的“火箭发射式”的创业思维，转向精益创业的思维；从依赖天才人物的天才设想、依赖完美计划和完美执行的思维，转向科学试错、民主创业的思维。创业从此不再是机械执行的过程，而是需要不断地试错，从试错中不断获取认知，然后不断迭代认知的基础上，最终调整创业路径。

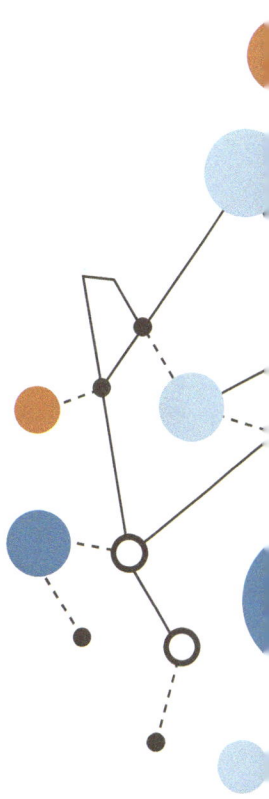

最小可行性产品（Minimum Viable Product），就是一个产品的雏形，将创业者或者新产品的创意用最简洁的方式开发出来，可能是产品界面，也可以是能够交互操纵的胚胎原型。它是针对天使用户的最小功能组合。它的好处是能够直观地被客户感知到，有助于激发客户的意见。

最小可行性产品有**四个特点：**
体现项目创意
能够测试和演示
功能极简
开发成本最低甚至是零成本

最小可行性产品（MVP）

    精益创业的核心思想之一就是（Minimum Viable Product）"最小可行性产品"，什么是"最小可行性产品"，简单的说就是一个产品的雏形，是指将创业者或者新产品的创意用最简洁的方式开发出来，可能是产品界面，也可以是能够交互操纵的胚胎原型。它是针对天使用户的最小功能组合。它的好处是能够直观地被客户感知到，有助于激发客户的意见。通常最小可用品有四个特点：体现项目创意、能够测试和演示、功能极简、开发成本最低甚至是零成本。

    在 MVP 的定义中有两个关键点。第一，它并不针对企业未来所有的用户，而只是针对天使用户。这群人对产品有高度的容忍度，能够看到产品的未来，愿意互动，一起改进产品。

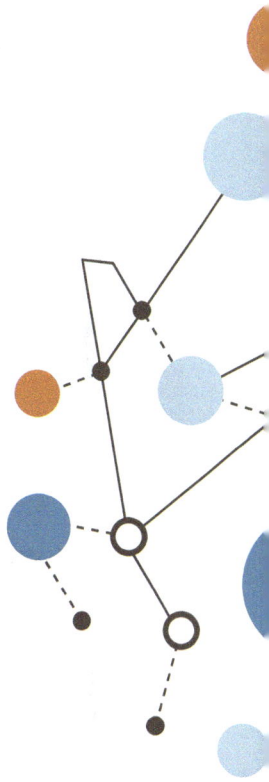

2010年8月 MIUI第一版开机画面

MVP 的定义中有两个关键点：

第一，它并不针对企业未来所有用户，而是仅仅针对天使用户；

第二，它并非一个庞大、复杂的功能组合，只是一个最小、最基本的功能组合。

2010 年 4 月 6 日，小米公司正式成立。同年 8 月，MIUI ROM 第一版正式内测。当时国内已经有许多的 ROM 制作团队和个人，MIUI 作为初生牛犊并不为人所知。小米公司的工程师一个一个地联系刷机爱好者和发烧友，向大家介绍这款新推出的 ROM。经过不断的努力，先后共有 100 名勇敢的用户成为了 MIUI 第一版的首批内测体验者，是他们见证了 MIUI 从无到有，从小到大的成长历程。

MVP 的定义中的第二个关键点：并非一个庞大、复杂的功能组合，而是一个最小、最基本的功能组合。MVP 的产品版本可以让我们花最少的力气、最短的开发时间，经历一次完整的"开发 – 测量 – 认知"循环。

这个最小可行性产品少了很多日后可能相当重要的功能特性。但是，从某种角度来说，开发 MVP 需要投入额外的工作，因为我们必须能衡量它的影响力。比如，开发的原型产品只用于工程师和设计师的内部品质测评是不够的，我们还必须把它推向潜在的顾客，评估他们的反应。我们甚至还需要把这个原型产品销售给顾客。一个最小可行性产品有助于创业者开启学习认知的历程。它并不一定是想象中的最小型产品；而是可以用最快的方式，以最少精力完成"开发 – 测量 – 认知"的反馈环节。

传统的产品开发通常要耗费很长的筹划时间，反复推敲，尽量把产品做到完美。与之相反，开发最小可行性产品的目的则是开启学习认知的流程，而不是结束这个流程。与原型或概念测试不同的是，最小可行性产品并非作用于回答产品设计或技术方面的问题，而是以验证基本的商业假设为目标。

大众点评网最开始也不是什么都有，最开始就是用一周时间做的一个简单的网页，并租用一个几百元一年的服务器，核心是怎样培养用户写点评论。这就是最初的最简化可行性产品。在上海做了差不多一年，反响还不错，然后才开始开拓其他城市，花了差不多大半年的时间做了北京和杭州，这两个城市通过同样的方式进行复制还算成功，证明了这种模式是可行的。所以后面又逐渐覆盖了更多的城市，在品类上也从餐馆到休闲娱乐再到购物等。

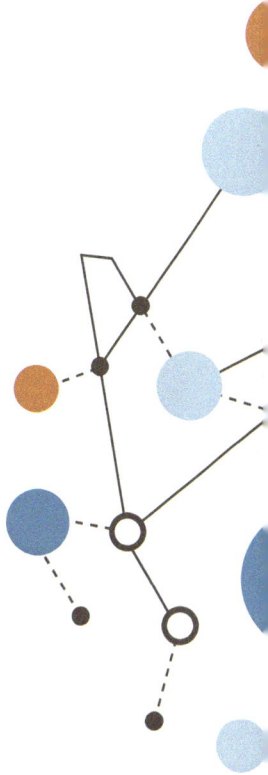

微创新发展成为互联网的一种创新潮流主要是出于以下方面的原因：

第一，在互联网的每一领域都是巨头林立，新进入者很难与巨头直接竞争；

第二，创业者在早期的资源和精力是有限的；

第三，当今的互联网技术，软件的更新、网站的更新时时刻刻都在发生。

微创新

很多产品和服务一开始不可能尽善尽美，但是只要能够从发现用户的痛点起步，并着力将这个痛点解决好，就有可能获得单点突破的优势。这是每天进步一点点的小步快跑模式，是微创新。

微创新发展成为互联网的一种创新潮流主要是出于以下方面的原因。

首先在互联网的每一个领域，基本上都是巨头林立，它们瓜分了绝大部分的市场份额，在新的创业者面前树立起了不可逾越的障碍。新进入者很难与巨头直接竞争，只能在那些巨头不愿关注或没有关注到的细节上打开一个口子，然后以迅雷不及掩耳的速度，通过快速的迭代更新和完善产品，进一步地累积影响力和扩大市场份额。等巨头们反应过来时，新进入者已经成为某一个细分领域的霸主，也就打开了一片天地。

其次，创业者在早期的资源和精力也是有限的。它们聘不起高薪的员工，买不起高端的设备，给它们的生存空间和努力的时间也有限。创业者能做的是以精益创业的思维，分析用户需求，小成本、小规模地制作产品的基本原型或最小可行性产品，通过早期用户的验证，找准用户的痛点。

面对 Ebay 的竞争，初创的淘宝，从国外购买了 PHPAuciton 技术，用一个月的时间就迅速修改上线。结合国内的消费文化，没有强推拍卖，而是增加了"一口价""求购商品"等功能，甚至在短短的一年时间内就完善了"安全交易"的功能。可以说与 Ebay 竞争，淘宝完成了屌丝逆袭，正是通过小步快跑的一个个微创新，淘宝成长壮大，最终打败了它的老师。

再次，当今的互联网技术，软件的更新、网站的更新时时刻刻都在发生。以网站为例，所有的服务和程序，都驻留在服务器端，用户通过浏览器去访问服务器，更新迭代的速度相当快，服务器端更新了程序，更新了版本和客户端，只要刷新一下就可以立即享受最新的服务，从而对新的服务产生响应或提出不同的建议。现在的移动互联网软件，只要发布当即可更新。

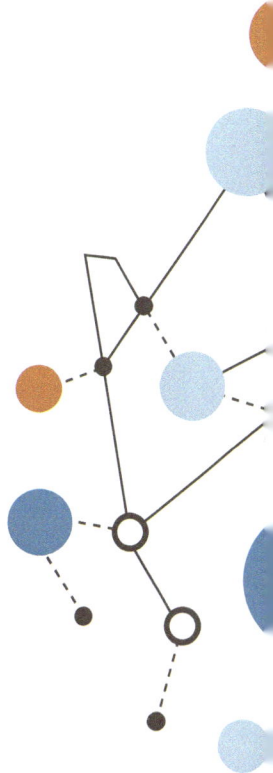

以微信为例，在第一年时间内总共发布了 15 个版本。微信从 1.0 到 5.0，成长从量变到质变。在微信 1.0 的时侯，功能是非常基础的，只有文本短信和照片分享。微信 2.0，语音是基础，还加入了语音群聊。微信 3.0 通过摇一摇，加入陌生人交友。微信 4.0 开放平台。微信 4.3 引入了公共账号平台，彻底地从一个单纯的沟通工具转变为一个移动平台。微信 5.0 又加入了游戏，加入了支付功能。这个平台囊括了多种产品形态，从社交到购物再到 O2O，更多的时侯微信承担了一个渠道的角色，甚至是移动互联网入口的角色。这种快速迭代使得微信用户群体呈几何倍数递增。虽然每一个版本的功能都可能不是完美的，但是通过快速迭代逐步给予用户不断的惊喜，客户的粘性以及活跃程度得到了保障。

互联网时代的竞争极其残酷，其实产品的技术门槛并没有大多数人想象得那么高。在技术研发的模块化时代，你无需从零开始，而可以借鉴采用比较成熟的技术做后期的延展与开发升级。在互联网的竞争中，速度就是生命，以快制胜的案例数不胜数。相比于工业经济时代的大鱼吃小鱼的竞争，互联网时代更是快鱼吃慢鱼的决斗。

微创新的另一关键要素就是快速迭代，即针对客户反馈的意见以最快的速度进行调整、优化。对于互联网时代来说，速度可能比质量来得更为重要，客户需求快速变换、竞争对手瞬息万变。因此，不追求一次性满足客户的需求，而是通过一次又一次的迭代不断地完善产品的功能。产品开发追求完美是迭代的大忌，事实上完成比完美更重要，用一句话来形容互联网的产品开发，就是互联网的产品永远是 Beta 版（测试版）。

　　Zynga（Z 狗）是社交游戏时代的王者，Zynga 游戏模式只有一条，那就是快速迭代。与传统意义上人们对欧美游戏企业的印象不同，Zynga 的运作方式更像是中国网游企业的集大成者，而且发挥到极致。Zynga 是一家成立于 2007 年 6 月的社交游戏开发商，其产品主要运行在 facebook 开放平台上，依靠 2007 年 9 月上线的游戏"德州扑克"赚到了第一桶金，此后采用"快速迭代"的方式复制模仿出大量的游戏。

　　无论是开发、经营、运行维护还是招聘，Zynga 开展所有业务的第一条标准就是"快速"，Zynga 要求团队尽快地完成开发、尽快地上线、尽快地开始产生效益。为此，Zynga 内部提倡模块化的迭代生产，将游戏的各系统模块化，然后在开发和运营中通过模块的替换来实现游戏版本的升级和功能的增加。

　　当 Zynga 发现某个尚不饱满甚至未曾开发的游戏题材或形式时，会快速上线一批产品，占领这一领域的用户。在用户规模达到一定数量之后，通过深度挖掘数据，再进行优化调整。

　　Zynga 通常被人诟病的是模仿——或者说是抄袭。Zynga 会盯上任何看上去有前途的新社交游戏，迅速地推出相似的产品，并远远地把原产品甩在身后。通过这些似乎"无赖"地快速攻击，打得其他游戏公司措手不及、落花流水。新产品的快速研发被运用到极致。

　　"快"实际上依靠敏锐的商业嗅觉、飞速的执行力和不断的试错改错的能力。抢先对手一步，获得先机。在互联网的世界，一个好的创意不能决定一个好的出路，谁能最好、最快地将创意变为产品并找到赢利模式，才是最重要的。

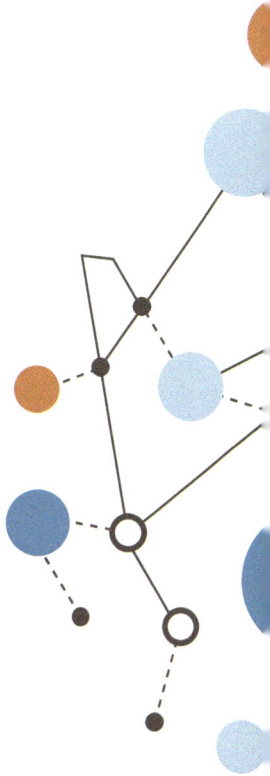

案例分析：360 免费杀毒

从 360 免费杀毒的发展路径可以看到其遵循着精益创业的基本理念。早在 2008 年 7 月，360 公司就推出了 360 免费杀毒的测试版，这实际上就是一个最小可行性产品。刚开始效果并不好。当时 360 购买了一家罗马尼亚安全软件品牌的引擎，做了一些简单的本地化开发，做了做汉化就推出了。事实证明，不从用户需求角度出发，产品做得不好，即使免费，用户也不会买账，因为对用户而言没有价值。这款测试版的 360 杀毒软件太重、太卡、太笨，更重要的是不符合中国用户的使用习惯。

在接下来的一年多时间里，360 团队一直埋头苦干，做了很多在同行看来不起眼的工作。这些工作的目标只有一个：让杀毒软件易用、有效，让用户用起来感觉爽。实际上，这些不起眼的地方就是微创新，就是用户体验的创新。它们聚沙成塔、集腋成裘，极大地提升了顾客的体验。

第一，首先解决卡的问题，其实就是让杀毒软件变得更快。传统上，杀毒软件扫描硬盘时，只要发现病毒，不管是死是活都要报。在改造杀毒引擎时，360 转换了一个思路：像恶意程序，只有在运行的时候才会对电脑产生危害，就像一只大鳄鱼睡觉的时候是不会攻击人的。于是，360 改变了报毒的规则，不管有多少恶意程序，只当有它开始执行的时候，360杀毒才会报毒，然后迅速查杀处理。这样，就提升了杀毒软件的速度，用户会感觉电脑运行顺畅了不少。

第二，改变了开机扫描的做法。传统的杀毒软件是电脑一启动就开始进行安全扫描，一扫描就会占用大量的系统内存。用户一开电脑，是要处理一天中最重要的事情的，让用户等着杀毒这种体验不好。于是360做了一个小的改变。开机后不做扫描，让用户先干重要的事，过一段时间后再开启扫描工作。

第三，改变了杀毒软件的界面。360的界面做得非常简单，只有三个按钮：快速扫描、全盘扫描、指定位置扫描。事实证明，用户就是喜欢这样"简单"的软件。软件看着简单，用户用着方便，所有的技术都放在后台。技术至上者喜欢把界面搞得跟迷宫似的，让人摸不着头脑。这完全违背了用户选择产品的基本道理。

第四，不打扰用户。360理解的杀毒软件作为安全软件，是用户的保镖，出现危险时要及时出手，平安无事时就老老实实地在用户身后待着。还有，安全提示也得分时候。当用户全神贯注地玩游戏、看电影或演示PPT时，突然冒出打补丁的安全提示，用户就会很恼火。因此，360免费杀毒默认开启免打扰模式，在用户不方便时，360杀毒软件不弹窗提示，推迟升级、查杀任务。这样做，一是不打扰用户；二是不占用电脑资源。

互联网产品，不管是客户端还是网络应用，要赢得用户，首先要找到典型用户群，提供好的用户体验。要提供好的用户体验，就得找到能够打动用户心扉的那一点。这并不是说打动就能打动的，偶尔打动一下也是蒙对的，更多的时候，是在不断试错的过程中积累经验，最终做出来的。

有两点非常重要：第一，从小处着眼，贴近用户需求心理；第二，要小步快跑，快速出击，不断试错。这两点就是互联网创业过程中的重要管理模式"微创新"规律。

早期的360安全卫士技术含量并不高。从现在的角度来看，360之所以成功，是因为当年中国互联网的网民饱受流氓软件的危害，又没有人愿意出来解决这个问题。360出来解决了这个问题，实际上是迎合了广大用户的需求。

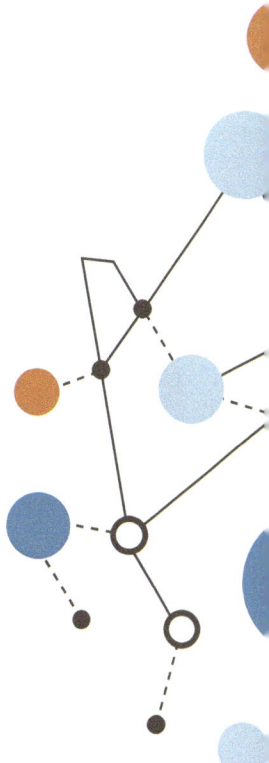

应用拓展

亚马逊在 Webvan 破产后的第七年开始试水生鲜销售业务，即"亚马逊生鲜"（amazon fresh）。亚马逊吸取了 Webvan 创业失败的经验，在开启生鲜销售业务时并没有大规模地铺设供货网络和仓储系统，而是选择从对新技术、新的生活方式接受度较高的城市西雅图开始尝试。

即便是在西雅图，亚马逊也没有覆盖所有的居民，而是从几个居住密度最大的高端小区开始配送服务，以减小压力。在西雅图，亚马逊差不多花了五年时间不断地测试这种配送方式的各种优化方式和技术参数，直到 2012 年才开始将业务拓展到洛杉矶。尽管洛杉矶对新事物的接受程度也比较高，但是亚马逊依旧选择几个居住密度最大的社区切入。

事实上，今天尝试做在线生鲜生意的电商们已经很少会大规模地建设仓储系统，而是将精力集中在最后一公里，即配送体验上。亚马逊在试水生鲜业务时，采取的是单点突破的战略，选择的地区非常集中；在这些小区里，这项服务也不是针对所有人的。亚马逊先用缴纳 299 美元年费的方式过滤出"天使用户"，这些"天使用户"对购物环节有极大的痛点，因此对亚马逊提供的这项服务有极高的要求。即使这一部分用户非常少，但是他们的黏度非常高，亚马逊从这群用户开始了整个验证和测试。

全球最大的网上鞋店美捷步（Zappos）的年收入总额超 10 亿美元，被认为是全球最成功、最以客为尊的电子商务公司之一。但最初的情况并非如此，当时，还没有人在网络上集中出售各种鞋类。美捷步的创始人尼克·斯威姆对此构想了一种新的零售体验。按照传统的做法尼克·斯威姆要等测试完一个网站，建设好覆盖广泛的仓储、分销伙伴才开始销售。然而，斯威姆并没有那样做，他从实验网站开始运行。他的前提是假设顾客已经准备就绪，并愿意在网上购鞋。为了证明这个假设，他和本地的鞋店协商为其库存产品拍照，放在网站上，当有顾客在网站订购时，再从店家购买鞋子发给顾客。

尼克·斯威姆

　　虽然美捷步最初的产品很少，也很单一。它回答了一个最根本的问题：市场对独特的网上购物体验有没有足够的需求？美捷步开展的这种新创企业实验计划周详，所测试的并不仅仅是商业计划中的一个方面。在验证首要前提的同时也——测试了其余假设。要销售鞋子，美捷步必须和顾客互动交流，从收取货款、处理退货，到客户支持。这和市场调研截然不同。如果按照已有的市场研究和调查形式，美捷步可能会问：顾客想要什么？而美捷步的做法是先建网站，尽管规模很小，但还是从中获益良多。

　　（1）它获取了更精确的顾客需求数据。因为它观察到真实的顾客行为，而不是通过提出假设性问题来估计。

　　（2）它站在一个和真实顾客互动交流的位置上了解顾客的要求。比如，原本的经营计划可能需要涉及折扣定价，但是顾客对打折产品到底有何看法？

　　（3）它可以意外发现一些突如其来的顾客行为、一些以前可能没有想到的问题。比如，该怎么处理顾客退货？

　　美捷步的初期实验得出了一个清晰的、量化的结论：不在网上购买鞋子的顾客数量虽然很多，但会在网上购买鞋子的顾客也不少。同时，实验让企业看到真实的顾客与合作伙伴，与他们互动并且了解他们。这些定性认知和量化测试相辅相成。尽管美捷步早期的规模相当小，但这并不妨碍它最终大展宏图。2009 年，美捷步被电子商务巨头亚马逊网站收购，据报道收购价为12 亿美元。

　　在印度，由于价格问题，只有不到 7% 的人口在家中拥有洗衣机。大多数人要么在家里手洗衣服，要么付钱让洗衣工来洗。洗衣工将衣服取走，到附近的河边用河水清洗，在石头上敲打衣服去污，然后挂起来晾干，再将衣服送回，这样大概需要花 2 ～ 7 天的时间。这样做不仅耗时过长，有时也不一定能洗得很干净。

阿克萨·米拉（Akshay Mehra）在其中嗅到开创新事业的可能。在此之前，他在宝洁公司新加坡公司工作了 8 年。作为负责汰渍和潘婷的印度和东盟区域的品牌经理，他认为可以向原来无力支付洗衣服务的人们提供这项"乡村洗衣服务"。回到印度后，阿克萨加入了美国创投公司建立的乡村洗衣服务公司，开始了一系列实验，用于验证其商业假设。

他们的第一个实验是在货车后安装一台消费级洗衣机，把车停在班加罗尔的一个街角。这项实验的成本不到 8000 美元，目标也很简单，就是证明人们会把衣服拿来，并支付洗衣费用。创业者们没有为了营销或宣传的目的在车上洗衣，而是把衣服拿到其他地点清洗，并在当天晚些时候交还顾客。

"乡村洗衣服务"在接下来的一周持续这个实验，将皮卡停在不同的街角，尽可能深入地了解潜在客户群。他们想知道如何才能鼓励顾客来他们的卡车。清洗速度重要么？还是更关心清洁程度？当顾客交出衣物时，他们到底想要什么？

他们发现顾客很愿意将衣服交给他们清洗。但是，顾客不信任放在皮卡后厢的洗衣机，担心"乡村洗衣服务"可能拿了他们的衣服逃走。为了解决这个问题，"乡村洗衣服务"做了一个相对更坚固、看起来像售货亭的移动车。

"乡村洗衣服务"还实验性地将车停在当地小市场前。更多地了解人们对什么样的服务更感兴趣、更愿意付什么价钱。他们发现顾客更喜欢衣服被熨烫过，更愿意在 4 小时内而非 24 小时内拿回衣物。

根据这些早期的实验，VLS 最终创造了一个长约 1.2 米宽约 0.9 米的移动洗衣亭，其中包括了一个节能的消费级洗衣机、一个烘干机和一个超长延长绳。这个洗衣亭使用西方洗涤剂和 VLS 每天提供的新鲜干净的水源。

自此，"乡村洗衣服务"大幅成长，在班加罗尔、迈索尔邦和孟买的 14个地点营业。像阿克萨·米拉所说的："我们在 2010 年清洗了 116000 千克衣物（对比 2009 年的 30600 千克）。几乎 60% 的生意来自于老客户。去年我们总共服务了超过 10000 位顾客。"

C

PART **6**

"互联网＋"时代的客户价值

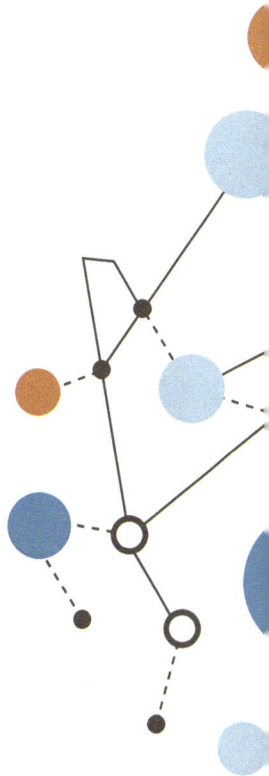

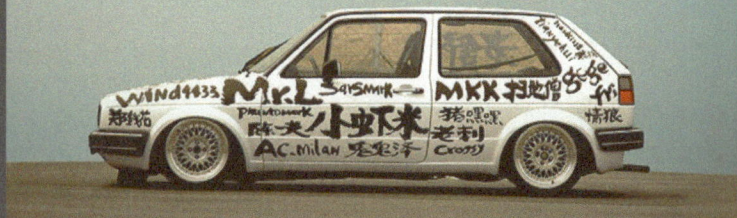

《100 个梦想的赞助商》

案例：小米手机

2010 年 4 月 6 日，雷军和创始团队成员喝下一碗小米粥，正式创立北京小米科技有限责任公司。如果说苹果的成功是软件加硬件、亚马逊和谷歌的成功是靠互联网，那么把这三家公司的优势结合在一起，就是小米要做的"铁人三项"，即软件、硬件、互联网一体化。

2010 年 8 月 16 日，按照"软件 + 硬件 + 互联网服务"的构想，小米画出了三大核心业务构架的第一笔——手机操作系统 MIUI（米柚）。米柚面市初期，没有多少支持者，更别说粉丝。小米团队通过在各大论坛里一个个地宣传、寻找、联系，终于争取到 100 个用户作为米柚第一版首批内测体验者，参与米柚的设计、研发，根据产品体验提出反馈意见。米柚第一版推出时将这 100 位用户的名字打在开机画面上，他们就是小米粉丝的原始积累。也正因为他们参到了米柚的改进设计，他们更加主动且自豪地向身边人推荐。

2013 年 4 月 9 日小米在年度米粉节现场发布了一部专门为感谢米柚最初 100 个铁杆粉丝的微电影——《100 个梦想的赞助商》，并把他们的名字——投影到了大屏幕上，向他们致谢。

小米将互联网开发模式引入手机操作系统的研发。米柚每周一次更新是很困难的，于是小米让粉丝参与进来。用户对产品功能有设计想法就到小米论坛里号召投票，投票达到一定数量该设计就可列入开发区。每周迭代前的两天小米会将产品开放给米粉试用，如有问题可交到专区，还可以跟踪到这个问题是哪个工程师在解决以及解决的程度。至小米手机问世时有三分之一的产品创意来自于粉丝的贡献。尽管小米论坛对米粉凝聚具有核心作用，但从辐射面来看，论坛显然不足以支撑千万级的粉丝数。于是微博和微信这样的自媒体也成为了小米与米粉沟通的重要媒介。

「互联网 +」时代的客户价值

为发烧而生

互联网思想雷军互联网"七字诀"

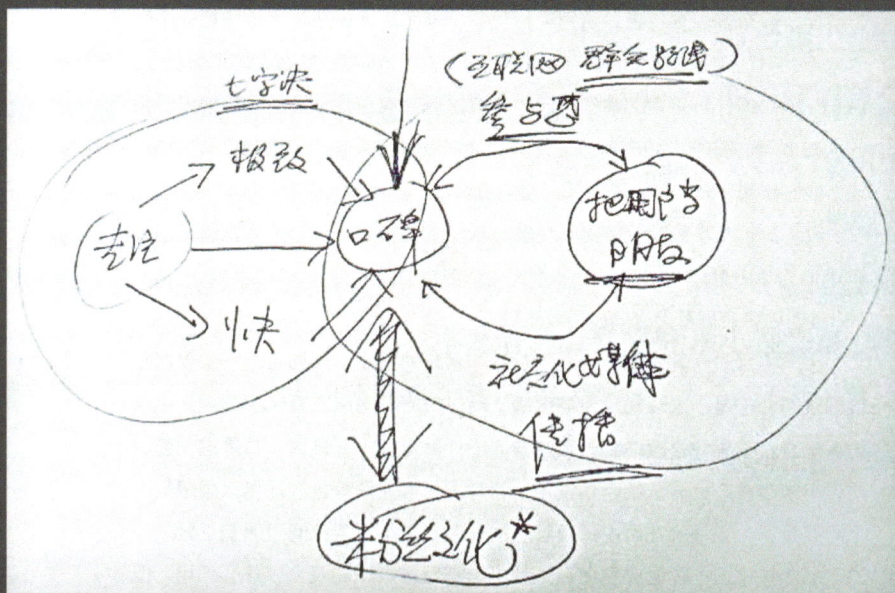

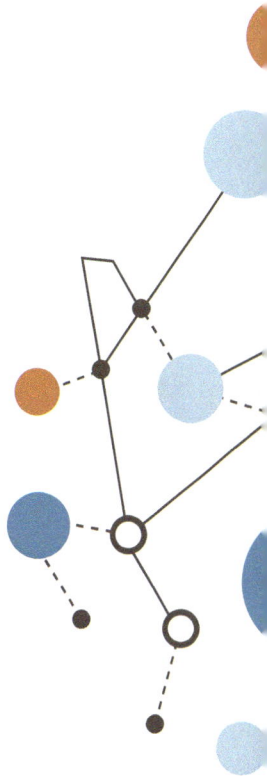

雷军认为手机和消费电子产品是否畅销是由发烧友决定的，发烧友会引领消费的潮流。因此，小米打出"为发烧而生"的口号。手机发烧友对手机有着狂热兴趣且往往痴迷于手机领域的专业、技术问题，他们对产品的审视较一般用户更为挑剔。

　　小米的增长速度有别于传统的手机制造商，快得令人惊叹。雷军认为小米并非是手机公司，而是专注于高端智能手机自主研发的移动互联网公司。"互联网对传统产业的颠覆才刚刚开始"，以互联网思维做手机，是小米科技的精髓。

　　在他看来 "互联网是一种观念"，他将互联网思想的核心归纳为"专注、极致、口碑、快"七字诀。"专注、极致、口碑、快"这四个词没有先后顺序，但终极目标是要形成口碑，不做到极致就没口碑，改得不快也没口碑，不专注也没口碑，所以口碑是核心。

由产品驱动的市场

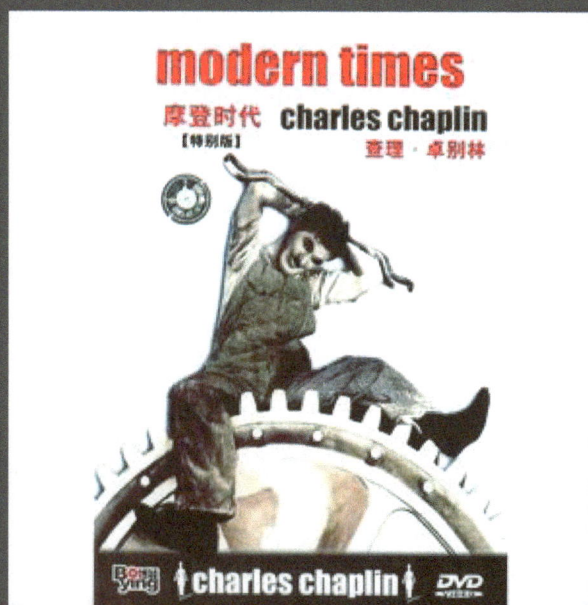

电影《摩登时代》海报

消费者主权时代

在人类的商业史上，由于生产效率低下，曾长期处于产品短缺的阶段。生产力的不足导致产品为王，生产商拥有绝对的话语权。那个时候，产品或服务的需求大于供给，企业主要精力都放在专心改进生产流程并追求规模效应上。通过喜剧大师卓别林先生拍摄的一部无声电影《摩登时代》就可以窥见当时工厂是如何追求生产效率提升的。另一方面，由于产品需求旺盛，企业可以掌控经销渠道、合作伙伴（批发商、零售商、代理商等），在很大程度上主导着定价权和合作条件，而且与为其投放广告的媒体相比也处于强势地位。

在这里需进一步的说明是，由产品驱动的市场，取决于两个相互关联的因素：其一，产品和服务的生产力水平；其二，市场的供需关系。

在以生产为中心的市场中，大部分数据都掌握在生产企业手中。此类信息一般包括产品的购买时间和地点、产品单价及渠道合作伙伴销售流通情况等数据。企业一般不会太过关注市场调查，去主动了解消费者对产品的认知度、感知情况、使用情况等信息。

只要企业保证产品质量、保持产品创新，只要不遇到更强的竞争对手，专注产品的公司也能够延续过去的成功。但面对具有诱惑力的市场，很快就会迎来大批的市场竞争者，并涌现出没有太大差异的产品，同质化的产品层出不穷，产品价格迅速下降，零售领域竞争日趋激烈。当某种产品出现过度供给时，零售商在市场中的话语权便提高了，因为它们比制造商更接近消费者。于是，第二种市场模式产生了，这种模式的重心是竞争分销渠道，信息的掌控权逐步转移到零售或渠道手中。

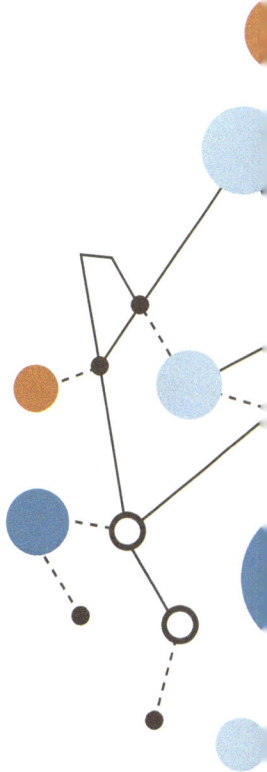

由分销驱动的市场

市场的主导权从产品制造商手中转移到了分销渠道手中，这一转变是由以下几个趋势促成的：
第一个趋势是渠道整合
第二个趋势是消费者生活方式的变化
第三个趋势是先进的零售信息系统的出现

随着越来越多的生产商进入该市场领域，企业必须投入更多的时间、精力和资金来通过中间商获取充足的分销资源。市场上存在着大量无差异化的产品和服务，它们的功能、价格和质量大同小异，争抢着有限的渠道资源以实现分销。每个生产商都希望扩大产品的销售区域，都想占据醒目的展示位置和多层货架。然而，它们不但要应对竞争对手，还要受到日趋强势的渠道商的制约，市场进入渠道为王的阶段。20 世纪后期，市场的主导权从产品制造商手中转移到了分销渠道手中。这一转变是由以下几个趋势促成的。

第一个趋势是渠道整合。区域性和小规模的零售店被大型连锁超市和仓储市场所取代。渠道整合的主要原因是制造商和主要零售商的大批量采购。随着零售连锁店的发展，它们能够和企业讨价还价，争取降低价格、获得展示补贴、延长付款周期、获取广告支持等。

简单地说，分销组织因为数据和数据分析而掌握市场控制权。

第二个趋势是消费者生活方式的变化，许多消费者没有时间也不愿意按照父辈和祖辈的方式进行日常购物。对于时间紧迫的消费者而言，他们青睐的是便利店、一站式服务、低价和一次满足所有需求。为了节省时间、金钱和精力，越来越多的消费者都愿意前往大型零售店购物。

第三个趋势是先进的零售信息系统的出现，信息的掌控权轻而易举地从生产商手中转移到渠道商手中。渠道商通过零售终端系统可以获得海量数据，它们比生产商更了解什么商品卖得好、哪些消费者在购买、消费者同时购买了哪些商品。这些系统可以深入洞悉消费者的"购物车"，了解消费者的实际行为，而这正是渠道商与生产商进行谈判的有力工具。在掌握了大量购买行为数据后，渠道商要远比生产商更了解消费者。

在这些趋势的共同作用下，沃尔玛、家乐福、乐购、百思买等大卖场和西方连锁店日益兴起。这些零售商利用其掌握的信息技术，开发高效的存货管理系统，实行及时采购策略，制定有利的定价机制并打造明显的规模优势。那些数据反映了消费者的实际购买行为：消费者购买了什么、在何时购买、是全价还是特价购买等。由此，零售商对消费者的需求和偏好拥有了非凡的洞察力。人们逐渐意识到，与产品生产商此前依赖的有限的市场调查相比，这种基于交易的行为数据更实用、更有见地，对市场信息的有力掌控进一步提高了零售商在各个方面的谈判能力。

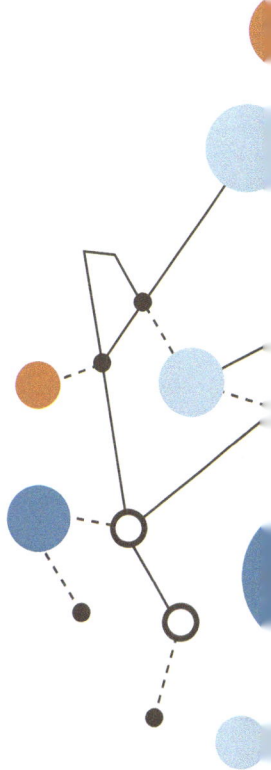

由消费者驱动的市场

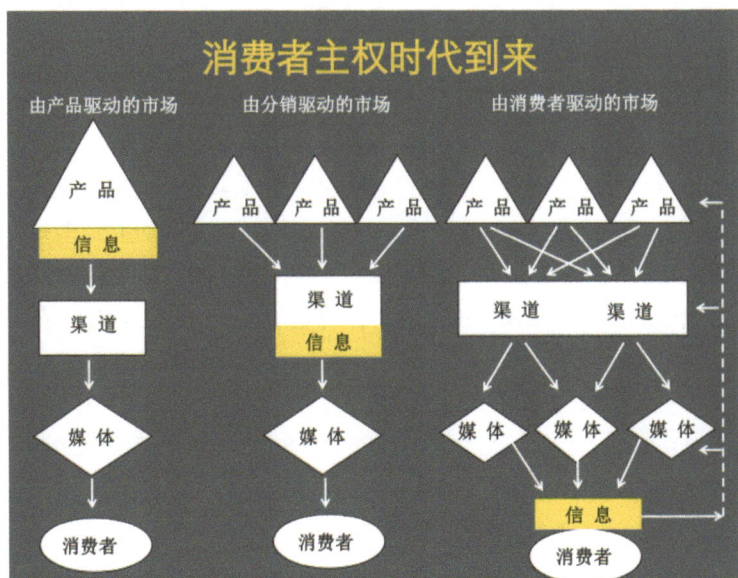

消费者主权时代到来

由产品驱动的市场　　由分销驱动的市场　　由消费者驱动的市场

互联网时代，万物互联，用户和企业之间的距离被大大缩短，渠道和中介的价值被极大地削弱了，我们终于进入了用户主权时代。

渠道、中介的价值本来是增加信息对称的，但常常用来帮助一件平庸的产品卖得比另一件平庸的产品更好，其原因是我们从信息的完全不对称，走向了信息的完全对称的道路。

计算机、智能手机、平板电脑……消费者拥有的设备越来越丰富，他们可能永远在线，与其他消费者、喜爱的品牌和经常光顾的渠道时刻保持联系。消费者获取信息的手段日益丰富：网站、搜索引擎、微博、电子邮件、即时通信工具、博客、论坛等。每一款应用都丰富了消费者的科技手段、增强了消费者的市场支配能力。

全新的媒体技术使得消费者能够牢牢地掌控选择的信息。消费者不再是被动的接受者，可以使用工具来屏蔽不希望收到的信息，并可以通过多种方式详细了解关注的产品。通过访问品牌网站或通过搜索引擎寻找替代商品；可以直接去往实体店或在电商网站上够买；可以从媒体获得信息或查看用户评论，还可以通过社交媒体在线聊天与自己的闺蜜一起交流购物体验获得参考建议。信息技术控制和传播方式的变革深刻地影响了消费者如何搜寻信息、做出购买决策，以及与圈内亲友分享购买体验。这是数字和互动市场环境中顾客全新的决策过程。

从生产者主权到渠道商主权，再到今天的消费者主权，应该说消费者是上帝的时代才真真切切地到来。每一轮的进化都意味着商业行为的革命性变化。

很多使用过办公软件的人可能都遇到过这样的场景，一款新的软件都会配上一本厚厚的使用手册或一个电子文件，如果你不会用或觉得它不好用，可以参照着使用手册认真去学。

移动互联网时代，如果用户在应用商店下载了一款应用软件，尝试了几次感觉不是很好用，那么用户很可能将这个应用删除。即使该款应用配一个使用说明，用户也不会去阅读。

打开手机，如果你要观看视频的话会使用哪款 App 呢？我问过很多身边的朋友，一般手机中只保留 1 ~ 2 个应用，保留 3 个的很少了。如果你去应用商店，可以发现仅仅是视频类别的应用就有好几百个。这些 App 要取悦的实际上不是应用商店，也不是开发商，而是用户。自己觉得技术领先、产品好没有用。在用户的心里好，才是真的好。取悦用户才能成功。如果用户安装了 App 觉得不好用，手稍微一抖，就给删除了。

企业让一个用户下载应用是如此艰难，可是用户要删除应用，变得如此简单。正所谓，"哪个不好，点哪个，一切变得 So easy，妈妈再也不用担心我的手机应用不好用了"。

在消费者主权时代，企业与消费者的沟通语境也发生了变化，"亲，主人……"态度变得十分的低调、谦逊、体贴。中国大学 MOOC 课堂实际上引领了教育产品的消费者主权时代，学员真正能够做的"我选择，我喜欢"，"一言不合，就退选"。

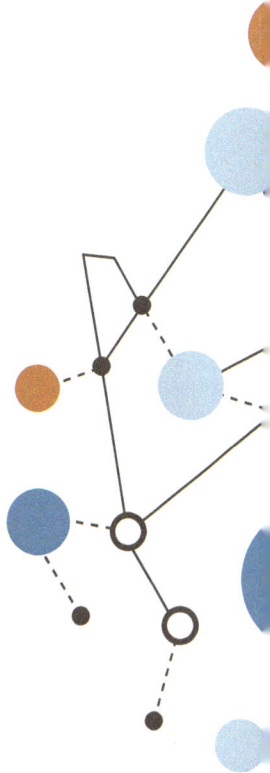

互联网时代的消费者已经转变演化为 SoLoMoPe 消费族群，这是四个英文单词的缩写结合体：Social、Local、Mobile、Personalized。

在消费者主权时代，消费者行为最大的特点是社交化、本地化、移动化和个性化。

SoLoMoPe 族群

随着消费者主权时代的到来，消费者的消费偏好和消费习惯也发生了变化，互联网时代的消费者已经转变演化为 SoLoMoPe 消费族群，这是四个英文单词的缩写结合体，即"Social""Local""Mobile""Personalized"。在消费者主权时代，消费者行为最大的特点是"社交化""本地化""移动化"和"个性化"。

首先，我们谈一谈社交化。由于用户逐渐掌握话语权，加上社会化媒体的实时性和交互性，所以用户正从被动转向主动，从过去单向的接受信息转向双向交流信息，他们希望与企业进行平等对话，渴望与品牌进行互动交流；期待企业和品牌保持活跃度，并希望企业能够倾听他们的需求，能快速做出正确的反应。在"一切产业皆媒体""人人都是媒体人"的时代到来之际，全民社交化所产生的巨大能量是每个品牌都不能忽视的。无论是正面还是负面的信息，都会在社交媒体中迅速传播。这种全社交媒介的品牌与消费者交互模式，颠覆了传统的顾客关系与个性化营销的方式，也倒逼着企业必须在各种媒介上都要以"用户为中心"去做品牌沟通，而不仅仅是品牌的单向传播。

2013 年，公安部颁布了交通新规：闯黄灯要被扣 6 分。这条新规影响到超过两亿的机动车驾驶人。新规实施的早高峰刚过，网络上就开始浪潮般地涌现出关于黄灯的悲喜剧。根据搜索，新规实施当天，带有"黄灯"标签的微博始终排在热门搜索的首位。新浪微博仅 1 月 1 日一天，有关黄灯的微博就近 10 万条。网友在微博上上传的因黄灯急停发生的追尾事件也有 100 多起。网络产生的力量让这一天有关黄灯的故事，成为了全中国人的共同话题。

在互联网出现之前，没有任何媒介能够让任何人在比自己能够聚焦的人群更大的方位内发表自己的看法。而现在，突然之间，在博客、维基、微博、微信或其他任何服务商，你都可以发表自己的看法，数百人、数千人甚至数百万人都能看到。

马路上实际的亲身体验和感受，在微博上传播，在论坛里碰撞，在微信中传递。互联网汇聚的声音，瞬间吸引了举国的注意力，也迅速从街头巷尾汇聚到国家的决策层。2013 年 1 月 6 日，新通知下发，对目前违反黄灯信号的，以教育警示为主，暂不予以处罚。从新规实施到下发新通知修订，只过去了 5 天。

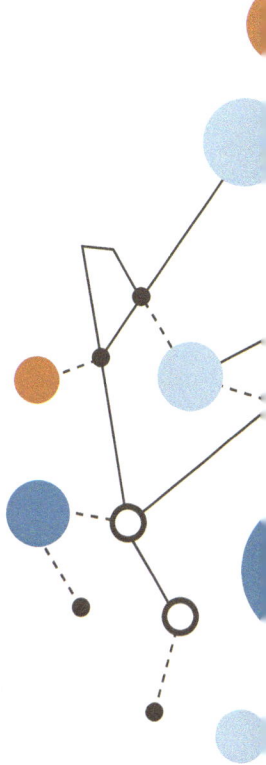

因为用户的参与，企业需要更多地倾听和采取用户的建议，而不再是单纯地传播。即便是传播，也要想办法引导用户说出他们的真实感受。作为企业的社会化传播，要学会说人话，用户希望能够与你平等沟通，而不是被说教，你要变得有血有肉，而不再是冰冷的组织。能够有效对接用户群体，有个性、有性格就鲜活。这里杜蕾斯的微博传播就和其主要用户群体年轻人的认知很契合。

杜蕾斯作为一个国际化的品牌，并没有"端着"，没有选择传统的常规路线，而是往往让人觉得别具一格、带着几分小清新而又不失亲切的形象在众多企业微博传播案例中脱颖而出。

杜蕾斯刚开始运营微博时，其目标群体定位为"宅男"。渐渐地，运营团队发现"宅男"不是"小杜杜"主要的目标受众，限制了创意发挥，所以及时调整。现在的杜蕾斯让人感觉更像是"有一点绅士，有一点坏，懂生活又很会玩的人，就像夜店里的翩翩公子"。语言诙谐幽默，让粉丝意识到杜蕾斯不只是一个品牌，更是一个活生生、有个性的人，跟杜蕾斯交流是很开心的事情。这样逐渐在粉丝心中建立起品牌形象。

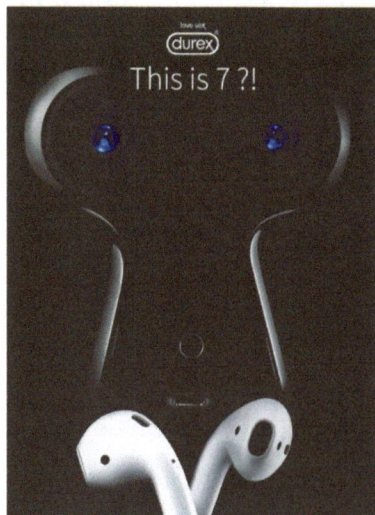

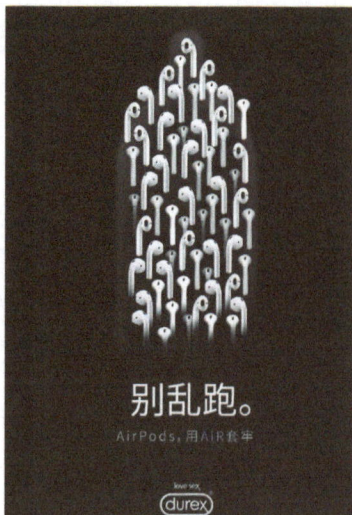

杜蕾斯品牌宣传

接下来，是本地化。零售企业在物理的实体商圈已不足以影响消费者。消费者对购物、娱乐、社交的追逐充斥在网络商城、移动终端等每一个他们可以接触的渠道，在地铁站、在医院、在球场，零售企业都能找到与消费者交流的新的方式。不断涌现的新技术及其周边应用为消费者带来了越来越丰富的零售体验模式，这就要求品牌商和零售商必须"以用户为中心"，去搭建销售渠道，时下盛行的 O2O 模式就是这个道理。百度地图是百度公司提供的一项网络地图搜索服务，覆盖了国内近 400 个城市、数千个区县。在百度地图里，用户可以查询街道、商场、楼盘的地理位置，也可以找到离您最近的所有餐馆、学校、银行、公园等。当百度开始做地图的时候，很多人可能都看不太懂，因为费时、费力，而且提供的服务还都是免费的。但是，如果了解 LBS 基于地理位置服务的概念，就会知道，实际上百度所做的这一切都是为以后的业务延展做铺垫。

拿出手机，查看附近餐馆、叫个车……这些事在今天看来再自然不过了。而它们能够运作的一个前提是知道你人在哪儿？在中国，基于地理位置而产生的商业活动被认为有几千亿元的市场。百度地图、陌陌、京东到家、美团外卖、大众点评团购、饿了么、滴滴、Uber……随便打开任意科技公司的产品，基于地理位置推荐商家的功能无处不在。他们不但把人送到线下的餐厅、美容院，还让食物、服务上门找人。目前，已经很难找到哪个关于消费的应用不用到消费者的地理位置。

传统零售企业的营业时间是朝九晚五，而电子商务企业则是 24 小时营业，很多传统零售企业因此受到巨大的冲击。移动互联网的出现对这种模式的冲击更大，移动加剧了购物时间的碎片化，购物时间从定期到随时，消费者将随身随时地进行消费。

根据淘宝的一份研究报告显示，淘宝的 12 大消费群中，最大的消费群是"夜淘族"，有 2200 多万人，他们半夜爬起来，在 0 点到 5 点之间下订单。今天大量的消费者利用每天的碎片时间购物，定期到百货店、超市或坐在电脑旁购物的人群开始减少。

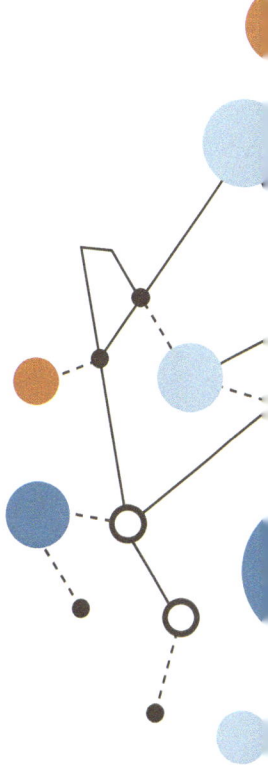

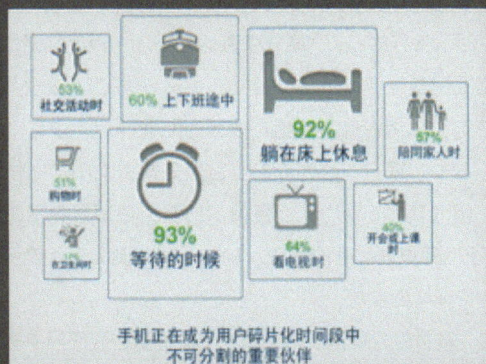

53% 社交活动时

60% 上下班途中

92% 躺在床上休息

57% 陪同家人时

51% 购物时

93% 等待的时候

64% 看电视时

40% 开会或上课时

手机正在成为用户碎片化时间段中
不可分割的重要伙伴

移动互联网竞争的关键因素是"时间"

第三，是移动化。移动互联网不是 PC 互联网的延伸，几乎是一种全新形态的互联网。这种差别是高度交互的设备（智能手机及正在兴起的可穿戴设备）的出现，模糊了设备和人体器官的边界。从手机到可穿戴设备，到未来也许还会出现的"可植入式设备"，让人与人之间的沟通效率再次极大地提升。"随时在线"成为现实后，人们开始关注"流量的宽度"，也就是"时间"。

移动互联网时代，随着沟通效率的提升，衡量上架与用户距离的制度，已经从"地段"变为"流量"，进一步转变为"时间"。移动互联网时代的竞争，就是抢夺与用户交互的"时间"的竞争。

最后，是个性化。当今的消费者，越来越追求个性。在个性化时代，没有价值观的品牌，不会被记住。年轻人更希望有人与他感同身受、指点生活，但不希望有人对他的生活指指点点。

在工业经济时代，受陈列范围、地理位置的限制，以及产品和服务供给的有限性和与消费者沟通的不便性，同时与消费者的沟通也不是很方便，企业往往会追捧热门而忽略了消费者的个性化需求。在互联网时代，传统工业经济时代的种种限制都被一一化解，首先是陈列范围突破了传统物理空间的限制，在网络上陈列一件产品只要占据几 K 的内存，此时的需求也不是 500米或 5 千米半径的概念，而是全国、全球的需求都可以聚集汇总达到长尾理论所描绘的利基市场。而生产效率和沟通效率的提升，使得利基市场的盈利水平提升，企业在服务消费者个性化需求时变得有利可图。当消费者的个性化需求能够被满足时，其个性的表达也就更加充分。

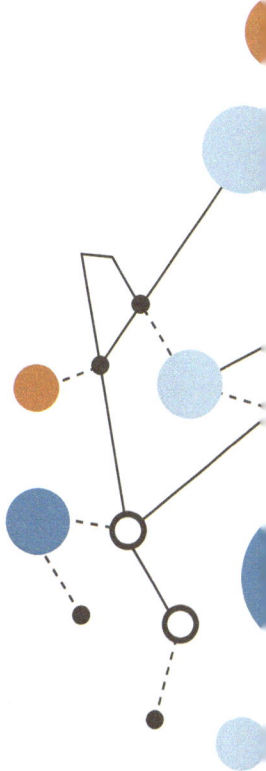

SIVA：理解消费者的新框架

S 企业必须为消费者提供解决方案，解决他们所面临的问题或满足他们的需求。

I 企业必须为消费者提供他们的信息，方便他们了解和评估其提出的解决方案。

V 企业必须提供价值，以满足消费者的需求；必须保证消费者为获得解决方案而支付的成本与解决方案提供的价值相符。

A 企业必须为消费者提供方便快捷的途径，使其获取解决方案，而获取的方式应当以消费者所期望的方式为准，而不是淡淡将解决方案推销出去。

SIVA 理解消费者的新框架

消费者面临什么问题？怎么解决？是否有市面上的产品或服务无法满足的需求？消费者希望实现什么目标？我们能帮上忙吗？SIVA 理论从发现消费者面临的问题出发，顺理成章为消费者找到问题的解决方案，以此来满足消费者的需求。在此过程中，了解消费者的需求是比较困难的，因为消费者的需求往往是模糊的、不明确的。消费者知道他们要的是什么，但经常无法用言语来表达。即便是进行市场调研，消费者说的也未必是事实的全部，或者自己也并不知道自己需要什么？

我经常出差会乘坐不同的航班，有些航空公司会在航班上让乘客填写一些调查问卷？"您选择航班时，考虑的第一要素是什么呢？"假如说有三个要素：安全、价格、服务。我相信大多数人会选择安全，因为没有几个人是不怕死的。但实际上在购买机票的过程中，不会有几个人去核查不同航空公司的安全性，在航班时间差不多的时候，影响大家决策的关键因素可能还是价格。

这个例子实际上说明，当你做市场调查时，消费者是根据自己粗略的感受做判断的。但在实际购买时，消费者可能是更多地应用感性的方式去做决策，也就是说一套、做一套，这可能是大多数人的生活常态。所以调查是不靠谱的。还有一种办法就是靠自己的经验、知觉去猜、去做决定。因此，乔布斯说：我从来不做调查，我靠自己对人性的洞察来做产品。亨利·福特也说，不要去问消费者需要什么？他们会告诉你需要更快的马车。但世界上，没有几个乔布斯，也没有几个亨利·福特。不管是靠猜还是靠调查，都只能解决一部分问题。

了解消费者需求

绿山咖啡胶囊单杯咖啡机

今天互联网让信息变得对称了，企业与用户之间的距离大大缩短，企业可以用最快捷、便利的方法跟消费者直接接触了。从用户出发，做出更好的产品。你从来都不会被竞争对手打败，你只可能被用户抛弃。在用户主权时代，要专注在用户身上，而不是对手身上，要发自内心地思考：我们到底还能为客户做什么？

企业必须为消费者提供解决方案，解决他们所面临的问题或满足他们的需求。在美国，很多家庭的早晨是从一壶热咖啡开始的。我个人也很喜欢用咖啡壶来煮咖啡喝。但用过咖啡壶的人可能都会遇到一些麻烦，比如，咖啡的准备过程非常复杂，而清洗过程又很麻烦。而且咖啡的口味也比较单一，即便是一家人口味也不同，但一次只能煮一种口味，是没有办法满足所有人的口味的。还有就是不同的咖啡品种其咖啡粉与热水的比例不同，咖啡的口味也会差异较大。

美国的绿山咖啡敏锐地发现了消费者在制作咖啡过程中的不便之处，向市场推出了胶囊单杯咖啡机，这种咖啡机把咖啡封装在单个的胶囊中，用户只需把这个胶囊杯放入咖啡机中，只需要 10 秒钟就可以喝上咖啡了，当消费者喝完咖啡之后，只需把使用过的胶囊丢弃就可以了，这样就省去了麻烦的清洗过程。而不同的胶囊可以是不同的口味，这样每个人都可以选择自己偏好的咖啡了。

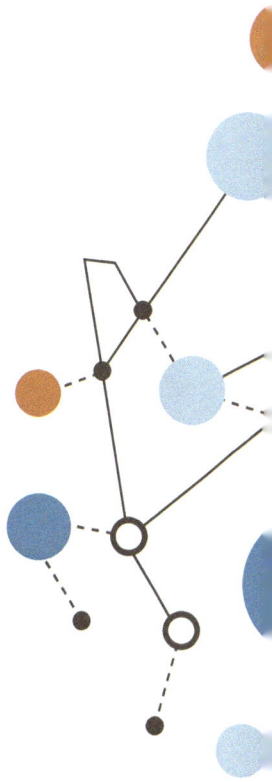

SIVA 的第二个要点是关于"信息"。企业必须为消费者提需要的信息，方便他们了解和评估企业提出的解决方案。信息有多种形式和众多来源。消费者需要认清自己面临的问题的本质，知道自己有什么选择。他们可能希望了解最新的产品信息，可能在购买之后仍然关注该品牌和产品。对于消费者而言，清晰、完整、真实、可靠的信息能够帮助他们做出明确的决策。

　　另一方面，消费者与企业的信息沟通也能帮助企业优化产品设计。淘品牌"七格格"是一家网络原创服装品牌。拥有一支年轻的设计师队伍和专职的搭配师团队，规定每个月要推出 100 ～ 150 个新款，保证店面货品不少于 500 款。它有很多忠实的粉丝和很多 QQ 群。每次要上新款的时候，七格格首先会将新款设计图上传到店铺上，让网友对新款投票评选，并在 QQ 群中讨论，最终选出大家普遍喜欢的款式进行修改，然后上传到网站，反复几个回合后再生产、上架。

　　这种流程完全颠覆了大牌设计师引领时尚潮流的传统模式，消费者开始真正决定款式、时尚的走向。最主要的是，消费者很享受这种模式。

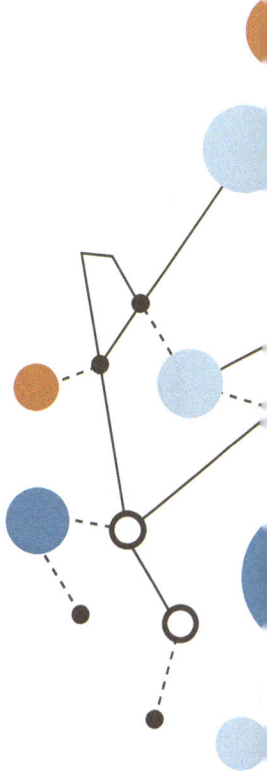

$$价值 = \frac{利益}{成本} = \frac{功能利益 + 情感利益}{金钱成本 + 精力成本 + 时间成本 + 体力成本}$$

SIVA 的第三个要点是"价值"。从消费者的角度来说，价值有两个方面的含义。第一，消费者认为购买一个品牌后可以获得的解决问题的利益。这种利益可能是客观的、金钱或心理的，但它始终是从消费者角度出发的。第二，消费者要获得解决方案必须放弃什么，即购买该产品要付出的成本或做出的其他牺牲。这可能是金钱、时间、精力，也可能是放弃其他选择。

价值就是消费者将获得的利益和所付出成本进行比较和权衡后对产品或服务的整体价值进行的判断。在利益层面，我们可以进一步将其分为功能利益和情感利益两个方面。那么什么是功能利益，什么又是情感利益呢？天气热了，大家买水喝。上课的时候放眼望去，同学们的桌上摆了各式各样的矿泉水，有人喜欢"怡宝"，有人选择"娃哈哈"，还有同学专挑"农夫山泉"，因为他（她）感觉有点甜，其实大家都是为了一个诉求——"解渴"，解渴就是功能利益。有些同学选择法国的"依云"矿泉水，同样也能"解渴"，但要知道，"依云"矿泉水的价格是其他矿泉水价格的十倍左右。

这个时候如果只用功能利益来解释可能就不够了。我见到一个同学，每次上课桌上必定放一瓶法国的依云矿泉水，对他真是"刮目相看"。到了期末，下课时我无意间在过道看到，他正拿着依云矿泉水的瓶子在饮水机旁接水喝。所以，足见这位同学对依云矿泉水的情感，即便是空水瓶也很珍惜。

从另一个层面讲，消费者在获取功能利益或情感利益时，也需要付出一定的成本。这包括金钱成本、时间成本、体力成本与精力成本等方面。平时很多人希望货比三家，其实更多地就是考虑付出金钱成本的大小。男性和女性对不同类型成本的敏感性是不一样的，女性买东西比较精明，会比较关注金钱成本。往往花一半的价格就把东西买回来了。而男性更多的时候会更关注时间成本、精力成本，因此，很少有男性愿意花时费力地去逛街，买衣服的时候也不喜欢反复地试穿，随随便便就把衣服买回来了。对很多女性来说，逛街是享受，而对男性来说可能就不一样了。

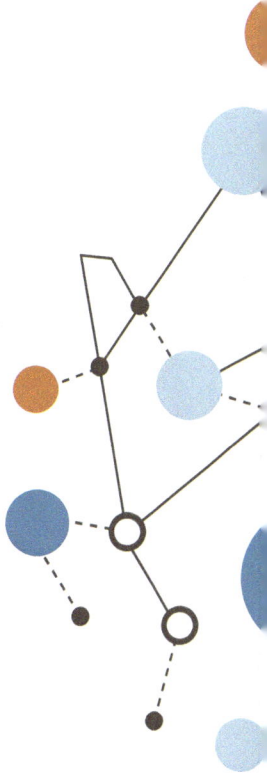

$$价值 = \frac{利益}{成本} = \frac{\uparrow \quad - \quad \uparrow \quad \downarrow\downarrow \quad \uparrow}{- \quad \downarrow \quad \uparrow\uparrow \quad \downarrow \quad \downarrow}$$

❶ ❷ ❸ ❹ ❺

提升价值感知的五种基本策略

这个式子告诉了企业提升顾客价值感知的方式和方法。至少有五种可以考虑的方向：（1）可以保持顾客付出的成本不变，增加提供给顾客的功能利益或情感利益；（2）可以保持提供的利益不变，降低顾客需要付出的成本；（3）可以小幅度地提高价格，大幅度地增加功能利益与情感利益；（4）也可以减少某些情感或功能利益，同时大幅度地降低顾客需要付出的成本；（5）顾客更喜欢的应该是，少花成本，但利益不减反增。这些方式和方法都值得企业去探究和创新来更好地服务于顾客。

SIVA 最后的"A"代表的是"途径"，是消费者可以获得问题解决方案的所有方式。在今天的市场中，消费者有多种选择，他们经常会同时进行线上和线下搜索，寻找在价格、功能和其他方面性价比最高的产品。如果消费者想网上购物，企业必须开拓线上渠道；如果消费者偏爱实体店购物，企业则必须考虑如何兼顾零售商和最终用户的利益，以便捷的、切合实际的方式满足消费者的需求。一些消费者可能会在网络上搜索服装款式、比较价格，然后前往实体店实地考察、试穿，再通过手机下单。所以真正在百货商店购买衣服的顾客可能会越来越少，百货商店将逐渐发展成为体验店，更多地会成为一站式的服务提供者。对于一些购买过较多次的产品，消费者拥有熟悉的品牌和直观的判断，因此会去电商网站采购，而对于那些急需的日常用品，则可能会去社区 500 米范围内的便利店进行购买。未来百货商店、电子商务和便利店仍能和平共处，各司其职。

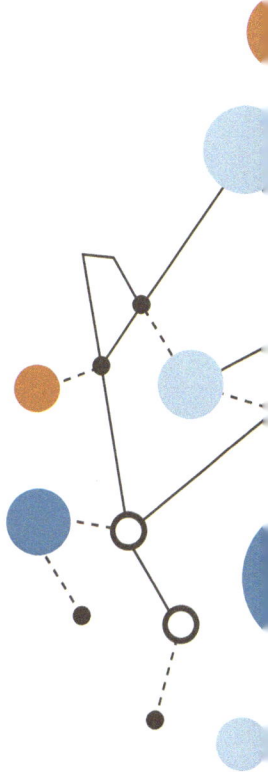

案例分析：小米手机

在"互联网+"时代，清晰界定客户价值，需要秉持"用户思维"回答三个核心的问题：第一，你的目标用户是谁？第二，目标用户要的是什么？第三，如何满足目标用户的需求？我们结合小米手机的案例来看看小米是如何回答这三个问题的。

首先，目标用户是谁的问题，就是要明确市场定位，要找到并聚焦于目标顾客。小米对目标用户的特征概括是，"喜欢玩机的那群人，他们懂性能，喜欢折腾，就是手机控"。他们依靠互联网生活或者经常接触网络，对新事物有开放的心态；他们对价格敏感，对手机技术升级痴迷；他们在纷繁复杂的社会中欲寻找精神、情感的归宿，热衷于在价值观相同的群体实现自我价值，得到彼此的认同和尊重。

在国内，互联网网民的社会结构总体上呈纺锤形，即中产及以上收入人群占少数，而中间的白领人群占多数。但如果按照整体的消费能力来分，却极有可能是哑铃型的，即两端大、中间小。

在前面的章节中我们曾经讨论过"互联网+"时代是典型的长尾经济，很多企业在创业时需要在长尾的利基市场去寻找机会。因此，"互联网+"时代更可能的是得屌丝者得天下的时代。那些自称屌丝的人从60后到90后，很多产品在做市场定位的时候，都盯着那些"高大上"的群体，殊不知抓住了"屌丝群体""草根一族"的需求，也可以变得很伟大。所谓的屌丝可能不仅仅体现在生活状态上，而更是一种心态：再"白骨精"的人，一去医院就成了屌丝；再牛的创意，一见甲方就成了屌丝；再有雄心的创业者，一见投资人就成了屌丝；再牛的男人，一见到自己心仪的女性就成了屌丝。有这么一句话说得很到位：这是一个人人自称"屌丝"，而骨子里认为自己是"高富帅"和"白富美"的时代。他们迫切需要寻求一种"存在感""归属感""成就感"和"参与感"。小米的目标客户界定显然牢牢捕获住了这样一个巨大的受众群体。

第二个重要的问题：目标用户到底需要什么？从品牌和产品规划来看，用户的需求不仅仅是功能的需求，更是情感的诉求。要清楚地洞察用户到底想要什么，做到感同身受、换位思考。

互联网时代的网民，主要是由新一代的年轻群体构成的，他们的自我意识强烈、好恶感明显，希望自己的声音被人听到（包括厂商），他们注重这种参与的感觉。所以在品牌建设的整个过程中，要让他们广泛地参与进来，即兜售"参与感"。参与感是用户思维的最重要的体现，主要包括两个方面：一方面是让用户参与到产品研发与设计中；另一方面是让用户参与到品牌传播中，即粉丝经济。在这一方面，小米做了很多的工作。像小米手机一样，一旦前端"预付 + 定制"环节完成，供应链将被重组，为了最大限度、最高效地为用户创造价值，企业就不再完全根据成本，而是根据客户最大价值在全球寻求供应链组合，突破所谓的"中国制造"。

"因为米粉，所以小米"，在小米的体系中，"粉丝"在产品中的作用可以分为三个级别：第一，明星粉丝，被称为"容组儿"（荣誉开发小组成员），能够参与公司新产品的开发、试用和决策；第二，疯狂的米粉，是中坚成员，多为互联网时代的年轻人，是小米公司的主要利润来源；第三，广大的普通用户。这三个层面并非截然分开，而是形成了中层用户仰慕顶层用户、底层用户追随中层用户的良性循环，最终所有的用户拥有共同的特征"米粉"。小米论坛和粉丝圈的构建奠定了其产品一经发布就售卖一空的局面，这在传统的销售模式中是不可想象的。用户不是上帝，用户也不是老板，用户是你的朋友。与你的用户对话，进行友爱的互动，你的产品才能做得有"温度感"。小米公司的创始人雷军、黎万强等人在初期每天要保证泡在论坛上至少一个小时以上，现在即便是再忙每天也会抽时间到论坛上进行近距离的沟通。

第三个重要的问题是要设计具体的方案来满足目标用户的需求，重点是如何打造体验。小米对用户体验的重视程度，从小米手机 3 的包装盒设计就可窥见一斑。

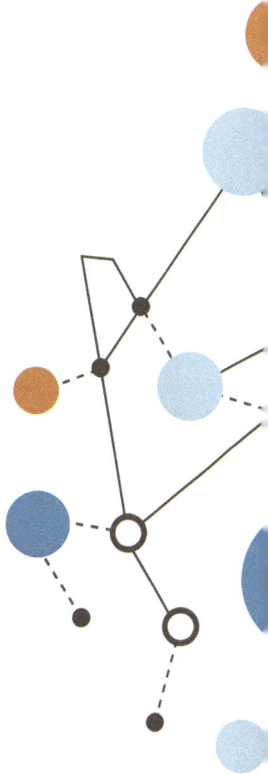

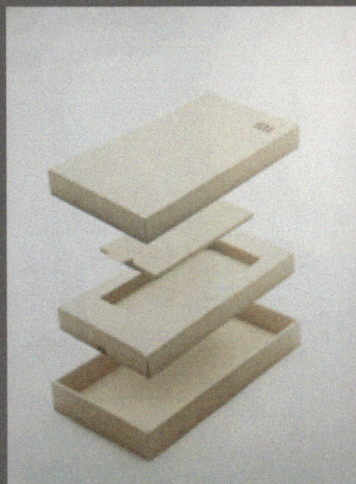

小米手机 3 的包装盒设计

在以服务为主导的逻辑中，企业和消费者共享四个关键因素：
第一个因素是源于双方互动的感知和体验；
第二个因素是双方分别提出方案，发现资源，创造价值并与对方分享；
第三个因素是资源整合，如改善流程及方法，确保产品令双方都满意；
第四个因素是学习，企业和消费者的目标是建立持续的关系，而不是为进行一次交易。

很多用户在第一次拆开小米手机的包装盒时都觉得很惊艳，极其简约但又很具有品质感。在小米 3 的手机盒设计过程中，小米专门从国外定制了高档的纯木浆牛皮纸，以便进一步的加工处理。包装工程师除了改进制造工艺之外还对纸张进一步加工。揭开包装盒表层就可以发现，纸张背面的折角位置事先用机器打磨出了 12 条细细的槽线，这样就能确保每一个折角都是真正的直角。一张牛皮纸的厚度只有零点几毫米，要在上面开槽算是用心到极致了。除了棱角外，为了保持坚固耐用度和使用便利度，工程师们做了大量的实验。比如，包装盒在制作成型后通常会略向外扩张，因此，要将盒壁设计成向内倾斜合适的角度以抵消膨胀。又比如，为了避免手机晃动同时又能轻松取出，手机托盒底部边长都比上部减少了 1 毫米，形成了梯形。整个设计团队历时 6 个月，经过 30 多版结构的修改、上百次的打样，做了一万多个样品。最终才有了小米手机包装盒令人称道的工艺和品质。

在消费者驱动的市场下，企业的主导逻辑逐渐由以产品为主导转变为以服务为主导。以服务为主导逻辑的企业认为，消费者是企业不可或缺、地位平等的合作伙伴，二者之间持续互动，互利共赢。企业注重与客户和睦共处，买卖双方共享意见和体验、相互交流，携手创造价值。在以服务为主导的逻辑中，企业和消费者共享四个关键因素。第一个因素是源于双方互动的感知和体验活动。第二个因素是创造，双方分别提出方案，发现资源，创造价值，并与对方分享。第三个因素是资源整合。如改善流程及方法，确保产品令双方都满意。最后一个因素是学习，这种学习是一个长期的过程。企业和消费者的目标是建立持续的关系，而不是为了进行一次交易。

20 世纪 80 年代，手机开创者摩托罗拉以技术优势在全球手机市场占得先机，以霸主之位验证着技术为王的真理；20 世纪 90 年代，抓住数字技术与 GSM 转型趋势的诺基亚一举将摩托罗拉拉下神坛，凭借精准满足市场需求的产品优势登上王者之位；2007 年，苹果以一款具有划时代意义的智能手机让"体验"成为手机时代的不二话题，"硬件 + 软件 + 服务"的模式打破了诺基亚长达 10 年的辉煌战绩，王冠易主。

没人知道下一个手机新纪元将在何时从何处开始，风云变幻之际，小米努力寻求能让猪轻松飞起来的台风口。移动互联网来势汹汹，小米手机逆风飞扬，2011 年年底面市发售，2012 年销售额过 100 亿元，2013 年销售增长率高达 160%，小米以近乎"凶猛式"的增长不断刷新人们对它的认知与期待。

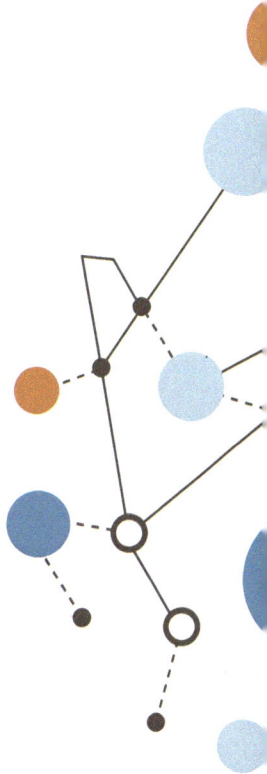

应用拓展

　　《江南 style》是韩国音乐人朴载相的一首 K-Pop 单曲。这首歌曲作为朴载相第六张录音室专辑的主打歌于 2012 年 7 月发布，首次进入韩国国家公认音乐排行榜就登上榜首。2012 年 12 月 21 日《江南 style》成为互联网历史上第一个点击量超过 10 亿次的视频。2012 年 9 月，这支音乐录像带还打破吉尼斯世界纪录，成为 YouTube 历史上最受人"喜欢"的视频。唱简略歌词、跳无厘头骑马舞、有着诙谐夸大表情的《江南 Style》病毒般席卷全球，成为 2012 年最抢手的文明表象，乃至"鸟叔"本人都完全没有想到这样一部 MV 可以在欧美市场引发如此的火爆场景。

　　"江南 style"是一个韩国新词，指的是首尔江南区富裕时尚、豪华奢靡的生活方式。朴载相透露韩国粉丝对他的舞蹈有很大的期望，所以他感觉压力很大。为了跟得上这份期望，他努力地学习，去发现新的东西，并且有大概 30 个夜晚熬夜来创作《江南 style》的舞蹈。他尝试了各种动物的形象，包括大象、猴子、大熊猫、袋鼠及蛇的动作，但是最终决定使用马跑步的动作，包括假装骑马、手握缰绳及挥动马鞭，以及腿部的反复交换的脚步动作。

　　《江南 style》火了，韩国的文化娱乐服务业、旅游业甚至食品业也随之大赚一笔。截至 2012 年三季度，韩国文化娱乐服务业收支创下了 400 亿韩元（约合 2.2 亿人民币）的顺差。到访江南区的游客激增，江南区餐厅的预约率是江北地区的 2.36 倍。重复率极高的高潮段、悦耳明快的节奏感、一系列简单循环的俏皮动作，让这首舞曲红遍全球。除了经典的韩国版本，随后中、日、英版也陆续推出，经典不断被超越与传承。

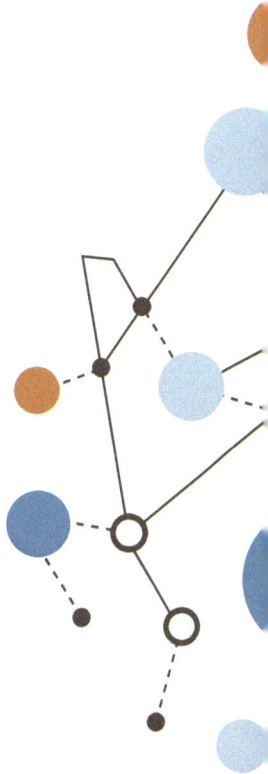

定位精准"屌丝文化"+世界通用的肢体语言+版权免费+网络首推是《江南 style》这首神曲成功的关键所在。好记、轻松、有感染力的音乐总是会给人留下深刻而美好的印象。即便是不断有新音乐进入大众视野，当经典的旋律一响起，人们还是会欣然一笑，忍不住跟着哼唱与摆动。

三只松鼠股份有限公司成立于 2012 年，是中国第一家定位于纯互联网食品品牌的企业，也是当前中国销售规模最大的食品电商企业。传统意义上，坚果一般在社区店售卖，受地理位置的限制，往往难以形成规模。而作为农产品，坚果的销售利润增长点一方面来源于大规模采购带来的采购成本降低，另一方面来自于快速销售，让消费者感到新鲜。

传统的坚果销售很难兼顾这两个方面。但当坚果借用互联网技术开始销售时，就创造了新的可能。电商平台为企业和消费者提供了非常多的接触点，这么多接触点哪一个环节做不好、体验不好，消费者就会立即弃你而去。在"三只松鼠"的创始人章燎原看来这些接触点分为两类：物流和感知。传统购物主要是物理接触，眼见为实，感知只有广告；而电商反过来了，收货之前全是感知接触，只有通过一种情感来对未知做出判断。因此，电商企业首先需要营造一种好感，才能引发消费者的第二次、第三次购买。

在营造好感方面，网络推广要让用户建立深刻印象，进而点击。传统户外广告可能是 7 秒的第一印象效应，而互联网可能只给你 1 秒的机会。当消费者看到网页时如果没有感觉可能就会瞬间离去。而消费者看到页面的松鼠产生好感，就会立刻点击，进而可以与客户进一步沟通。

在与客户沟通上，"三只松鼠"也大胆创新，一改过去淘宝"亲"的叫法，改称为"主人"。"主人"这一叫法，会立即使关系演变成主人和萌宠的关系，客服妹妹扮演为"主人"服务的松鼠，这种购物体验就像在玩，消费者很开心。对于客服考核指标，也不再是常用的交易量，而是好评率和沟通字数。"顾客成了主人，客服就变成了一个演员，这就是一个感知接触点，把商务沟通变成了话剧。对于客服的话术，要点就是要把自己想象成松鼠。过去常说把顾客当上帝太夸张了，我们现在就是要做一只讨好主人的宠物，让主人快乐！如此一来，客服也可以撒娇、卖萌等，带给顾客的感觉跟以前有一点不同了。"

在网络购物中，要让客户的搜索成本降低，使其毫不费力地就能找到需要的商品。但是从网络下订单到收到货物还需要一定的时间，等待是令人焦急的。当快递包裹从仓库出仓后，消费者会收到"三只松鼠"的一条安抚短信："松鼠已经火急火燎地把主人的货发出来了。"

而一切的美妙才刚刚开始！当你等待了几天，快递小哥将包裹送到你手中的时候，第一时间想做的是什么呢？有没有过那种拿到包裹后遍寻剪刀的经历。为了保护包裹不破损，往往在发送包裹时都会缠上厚厚的透明胶。"三只松鼠"非常贴心地为每一位顾客准备好了包裹的开启工具，让顾客能够在第一时间拆开包裹享受美味，那就是一片薄薄的塑料片。客户只需轻轻一划，包裹就打开了。

打开包裹后开始享受坚果，你可能会碰到哪些问题呢？果壳太厚剥不开，"三只松鼠"为你准备了果壳的开启工具；剥掉的壳会将地面弄脏，于是"三只松鼠"为你准备好了装果壳的垃圾袋；一次可能吃不完一整袋的坚果，但保存不好坚果就疲了、不好吃，"三只松鼠"为你准备好了封口夹。

此外，"三只松鼠"还通过微博和微信等途径和消费者沟通，征求他们需要哪些礼品。并开发更多的有意思的赠品给消费者。"三只松鼠"以互联网技术为依托，利用 B2C 平台实行线上销售。凭借这种销售模式，"三只松鼠"迅速开创了一个快速、新鲜的新型食品零售模式。这种特有的商业模式缩短了商家与客户的距离，确保让客户享受到新鲜、完美的食品，开创了中国食品利用互联网进行线上销售的先河。

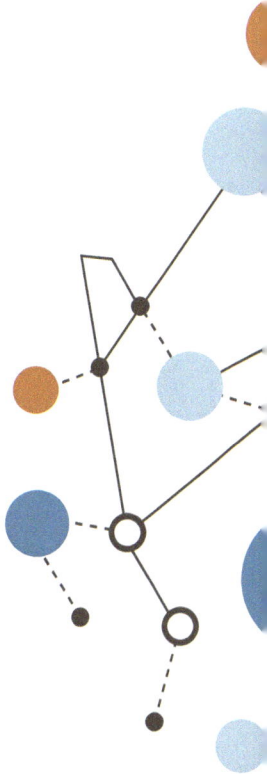

PART 7

"互联网＋"时代的价值创造

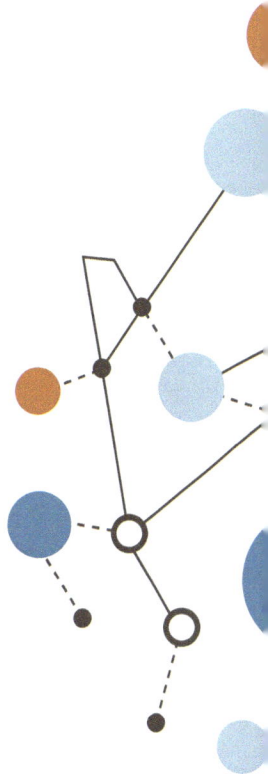

Haier

人单合一

"**人**"指的是每一个员工，也就是每一个自主创新的主体。

"**单**"是有竞争力的市场目标。

"**人单合一**"就是每一个自主创新的主体与第一竞争力的市场目标的合一。

案例：海尔

　　海尔从资不抵债，成长为利润达 150 亿元的国际知名企业，整整用了 30 年的时间。30 年来，海尔员工数从不到 800 人，增长到现在的 6 万人；销售额从原来的 348 万元，到现在的 2007 亿元。在国际市场上，从 2009 年开始，海尔全球白色家电连续 6 年被评为第一品牌，现在占有率已经达到 10.2%。然而，这家企业却在巅峰时刻，选择重新开始、重新孵化。

　　2005 年，海尔进入全球化品牌战略发展阶段，发力创造互联网时代的全球化品牌。互联网时代带来营销的碎片化，企业必须从"以企业为中心卖产品"转变为"以用户为中心卖服务"，即用户驱动的"即需即供"模式。

　　互联网也带来全球经济的一体化，因此，海尔整合全球的研发、制造、营销资源，创全球化品牌。这一阶段，海尔探索的互联网时代创造顾客的商业模式就是"人单合一双赢"模式。张瑞敏将"人单合一"几个字上升为海尔模式的核心之一。

　　"人单合一"的"人"指的是每一个员工，也就是每一个自主创新的主体，"单"是有竞争力的市场目标，"人单合一"就是每一个自主创新的主体与第一竞争力的市场目标的合一。人单合一是要让员工不再根据上级下达任务的多少和好坏来拿钱，而是以创造的用户价值来体现自己的价值。张瑞敏希望将员工的目标都集中到创造用户价值上，并协同起来，在发掘用户价值中，得到新的价值。

　　没有成功的企业，只有踏上时代节拍的企业，但是一个企业不可能永远保持与时代的节拍同步，所以企业要像冲浪者，赶上下一个"浪尖"。而下一个"浪尖"，就是互联网时代。

　　2012 年海尔正式启动了网络化发展战略以应对网络化的市场，建立网络化的企业。海尔 CEO 张瑞敏选择"自杀重生"，彻底解构、颠覆海尔。让 1 万名原来的管理者做出抉择，要么离开，要么成为海尔的创客（创业者）；培育了 2000 个"小微"，其中 200 个左右已经在工商部门注册成为独立公司。而"创客"和"小微"，无一例外地都拥有原来张瑞敏手中的"三权"，即决策权、用人权、分配权。

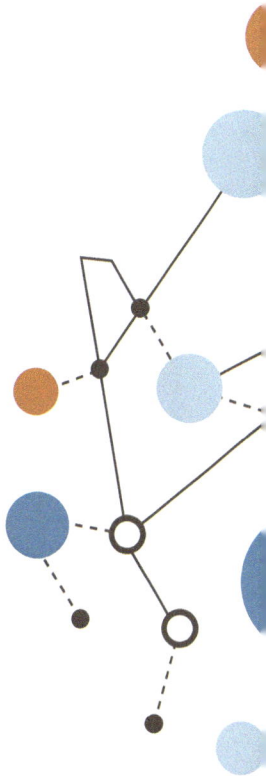

海尔分三个阶段与用户进行线上交互：
一是创造互联网社区或平台，让用户"自愿来交互"；
二是用户之间实现"自动交互"；
三是海尔从交互中寻找"自我增值"的机会。

在海尔，3 个 80 后小伙子用了 3 个月时间，开发了一个名为"雷神"的游戏本，构建了一个"雷神"粉丝生态圈。其在京东上开展预售，结果 3000 台游戏本在 21 分钟内被粉丝抢购一空，还引来了 18 万人的预购。这一天，2014 年 2 月 24 日，在海尔内部被确定为"雷神日"。

海立方是海尔公司的创新产品孵化平台。在海立方，用户可以与创新产品的团队直接进行互动，一起设计改变生活的创新产品。这里不但提供孵化基金，还有制造资源和销售渠道。海尔公司会整合项目发起者、供应商、分销商、用户的资源，为产业中各个环节上的群体提供沟通交流、资源互通的平台。这有点类似于一个产品界的"创新工场"，是一个孵化器，人们可以凭借自己的创意拿到海尔的购买款，海尔可以通过购买好的创意，生产更好的产品，赚回更多的钱。

海尔的张瑞敏一直强调"交互用户"，分三个阶段与用户进行线上交互：一是创造互联网社区或平台，让用户"自愿来交互"；二是用户之间实现"自动交互"；三是海尔从交互中寻找"自我增值"的机会。海立方结合了众筹和预售的方式，通过海尔已有资源来培育内部和外部更有竞争力的产品线，完全改变了原有的产品研发方式，利用资源支持，打造了一个开放的产品创新平台，与用户交互，让用户真正参与到海尔的产品创新中来。

微笑曲线

附
加
价
值

知识产权

品牌／服务

研发与设计　　　　生产与制造　　　营销与服务
全球性的竞争　　　　　　　　　　　地区性的竞争

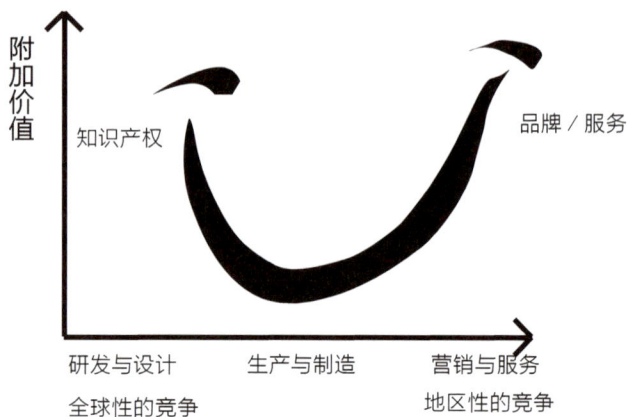

　　微笑曲线理论由宏碁集团创办人施振荣在 1992 年为"再造宏碁"提出，因较好地诠释了工业化生产模式中产业分工问题而备受业界认可，已经成为诸多企业的发展哲学。微笑曲线将一条产业链分为三个区间，即研发与设计、生产与制造、营销与服务。在产业链中，附加价值更多体现在两端，处于中间环节的生产与制造附加价值最低。因此，整体上曲线类似微笑嘴型，微笑曲线也由此得名。

　　微笑曲线有两个要点：第一个是可以找出附加价值在哪里；第二个是关于竞争的型态。附加价值可以说是一种企业获利的潜力。技术成熟、进入门坎低、普遍化的技术都很容易成为所谓的"微利"企业，也就是所谓的低附加价值产业。一般的制造、组装的企业就是所谓的低附加价值产业，为了维持生存，只能不断地扩充产能，维持获利。但是只要市场萎缩、产品价格下降、产品销售不再增长，企业马上面临经营危机。

当前制造产生的利润低，全球制造也已供过于求，但是研发与营销的附加价值高，因此产业未来应朝微笑曲线的两端发展，也就是在左边加强研发创造知识，在右边加强客户导向的营销与服务。微笑曲线中间是制造；左边是研发，属于全球性的竞争；右边是营销，主要是地区性的竞争。

1992年，宏碁所处的计算机行业大环境发生了改变，为了应对变化，宏碁进行了第一次企业的再造，其指导思想正是"微笑曲线"理论，但是宏碁将附加价值较低的组装移到海外，自己则集中精力发展附加价值较高的部分。2000年年底，宏碁再从微笑曲线思考发展战略，启动了第二次企业再造，彻底放弃制造只做两端。

大家所熟知的微波炉品牌格兰仕也是"微笑曲线"实践者之一，其发展历程值得我们学习品味。在国际产业分工体系中，发达国家的企业往往占据着研发设计和品牌营销的产业链高端位置，发展中国家的厂商则被挤压在低利润区的制造环节。向微笑曲线两端延伸，在国际产业分工体系中走向产业链高端位置，已成为发展中国家的制造厂商们不熄的梦想。

格兰仕最开始是为国际上的一些知名品牌做微波炉的代加工，即贴牌生产。可以说，格兰仕走出一条独特的OEM贴牌生产国家化发展之路。传统的OEM方式是：外国企业给出品牌或原材料，中国企业进行加工，交出产品。而格兰仕在为国外知名企业做加工制造的时候，坚持必须将对方成套的最新设备拿到格兰仕来，甚至还要对方提供相应的技术。格兰仕通过受让280多家国际知名品牌生产线的方式实现了快速扩张。

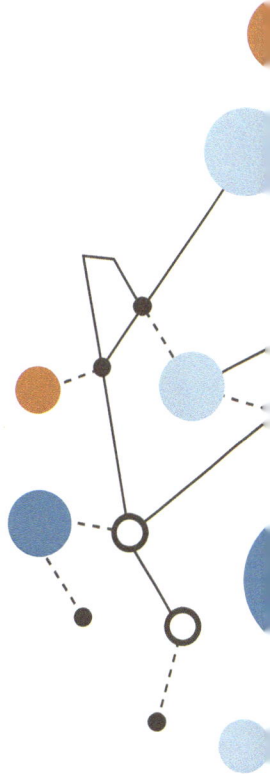

Galanz
格兰仕
全球制造 专业品质

格兰仕用这些国际品牌的生产线在中国组织生产，并将产品按照比这些企业在其本国生产的成本价更低的价格卖给对方，对方用自己的品牌、销售网络在国外销售。格兰仕的劳动力成本和规模经营优势，逐步形成了以低成本为核心的竞争优势。这种模式不仅充分发挥了中国企业制造环节的强项，还避免了技术风险和市场风险，还可以有效地规避反倾销和反垄断。在这一过程中，格兰仕既扩大了生产规模，还节省了生产线的投资，也更充分发挥了规模效应。而且，格兰仕的产品也通过跨国公司的网络走向了世界，出口到全球100多个国家和地区，最终成就了世界微波炉第一品牌。"微笑曲线"分工模式下，企业通过规模化生产、流程化管理，提供低成本的标准化产品，获取竞争优势，企业的规模和实力发挥着决定性作用。

价值创造是企业生存发展之根本。工业化时代，企业以大规模生产、大规模销售和大规模传播为特征，通过规模化生产，提供标准化产品，获取行业平均利润，各企业按其所处研发与设计、生产与制造、营销与服务的产业分工位置，分享价值。

当前，这一存续已久的价值创造和分配模式正在发生嬗变，借助互联网平台，企业、客户及利益相关方全流程参与到价值创造、价值传递及价值实现诸环节，正在形成新的价值创造和分享模式。今天，伴随着社会生活的日益多元化，消费者意识更加个性化。无论是研发与设计、生产与制造，还是营销与服务都必须以满足消费者需求作为出发点和归宿点，消费者体验式的参与彻底颠覆了传统生产的垂直分工体系。

在"全程协同"模式下，企业、客户及各利益方互助式参与价值创造、价值传递、价值实现等环节，客户得到个性化产品、定制化服务，企业获取了超额利润。构建平台型商业生态系统能力将成为企业核心竞争力。

现代管理学之父彼得·德鲁克说："当今企业之间的竞争，不是产品之间的竞争，而是商业模式之间的竞争。"何为商业模式？简而言之就是一种将产品或服务实现商业化的过程，这个过程包含价值创造、价值传递和价值实现等环节。由于互联网的介入，商业价值的创造和分享模式将重新解构。

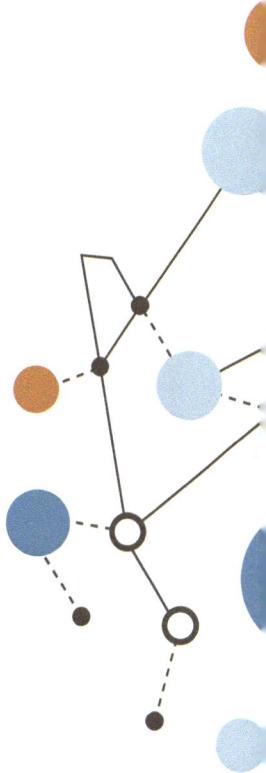

C2B

常见的 C2B 模式有：

聚合需求形式（反向团购、预售）；

要约形式（逆向拍卖，客户出价，商家选择是否接受）；

服务认领形式（企业发布所需服务，个人认领，类似威客）；

商家认购形式（个人提供作品、服务，等待企业认领，无线 T 恤）；

植入形式（软文）等。

C2B 从消费者到企业

在互联网普及之前，所有的商业模式都建立在"企业 —用户"垂直的关系之上，而互联网（移动互联网）改变了企业和用户之间的关系，由垂直变为水平，企业与用户之间是平等合作的关系，共同构筑了一种商业生态，用户需求真正成为了生产型企业的上游链条。C2B 与传统的 B2C 模式正好相反，强调了消费者的主导作用。C2B 模式有两个不同的层次，团购、预售属于浅层次的 C2B，仅仅是聚合了消费者需求之后的集中释放，而没有重构供应链。还有一种深层次的 C2B 模式，不仅聚合了消费者需求，还根据消费者个性化的需求完成了供应链重构，让用户参与到产品的研发和设计环节中。C2B 利用消费者需求的聚合，能够改变整个供给模式，效率发生提升。以用户为中心的 C2B 模式，将成为未来商业模式的主要代表。C2B 模式可以通过互联网汇聚个性化的小众需求，前端实现"定制化"；然后后端采用灵活的精益生产方式，即"多品种，小批量"的工业化生产。

与工业时代"大生产＋大零售＋大品牌＋大物流"的一整套体系相对应，基于个性化营销、巨型网络零售平台、柔性化生产及社会化供应链的高速发展，C2B 模式有了越来越坚实的支撑，其形貌、特征、机制也越来越成熟了。

在前端，它们或是提供相对标准化的模块供消费者组合，或是吸引消费者参与到设计、生产的环节中来；在内部，它们提升组织能力，以个性化定制方式去服务于海量消费者；在后端，它们积极调整供应链，使之具备更强的柔性化特性。其实 C2B 的概念比较泛化，形式也比较多样化，常见的C2B 模式有：聚合需求形式（反向团购、预售）、要约形式（逆向拍卖，客户出价，商家选择是否接受）、服务认领形式（企业发布所需服务，个人认领，类似威客）、商家认购形式（个人提供作品、服务，等待企业认领，无线 T 恤）、植入形式（软文）等。而目前看来电商的 C2B 模式主要依靠的形式还是聚合需求形式和要约形式，同时个性化定制也是一个重要的模式。

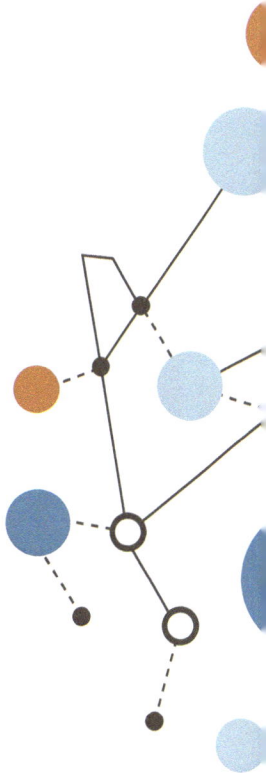

聚合需求形式

通过预售、集体团购等形式可以将分散着的用户需求集中起来，对于一些还没有生产出的产品，可以根据集中的需求进行快速的生产，在用户需求完全表达的理想情况下，这使得商家的供给可以正好与用户的需求匹配，避免了资源的浪费。

通过预售、集体团购等形式可以将分散着的用户需求集中起来，对于一些还没有生产出的产品，可以根据集中的需求进行快速的生产，在用户需求完全表达的理想情况下，这使得商家的供给可以正好与用户的需求匹配，避免了资源的浪费。对商家而言，即需即产实现了零库存，使库存成本趋零，而由于已经知道需求的分布，甚至可以选择不同的生产地点进行生产从而降低运输成本，同时由于用户已经付费锁定了收益，商家也不必担心调研时口碑很好的商品大规模生产后出现"叫好不叫座"的情况。这种形式整体降低了商家的成本，在一定程度上避免了商家的损失。

而对用户而言，由于商家的成本降低，通过预售购买的用户可以享受更低的价格，其实在某种程度上可以理解为是在用"时间"换"价格"。很多用户对一些物品的时间属性并不十分敏感，而"低价不及时"正好迎合了这些用户的需求。

可见聚合需求的形式给商家和用户都会带来许多好处，不过目前也存在着许多问题，其中最大的一个问题可能就是商家是否可以根据用户的需求实现迅速生产。

一方面如果聚合的需求较少，生产起来单位成本则会很高，商家一般不会做这些产品，而已经预定的用户的感情也许就会受到伤害；另一方面如果需求较多，商家是否有能力实现快速生产。虽说弱化了时间属性，但时间过长的话用户必定不能忍受，此外还有一个行业问题，如服装等季节性较强的行业，强调发布的时间，也许就不适合这种形式。针对这个问题，可以考虑在发布预售或团购时就注明预售数量达到多少时该预售生效，让用户有心理准备，同时商家要衡量自身的生产能力和运送能力能不能达到即需即销的要求，也许通过与其他商家或平台共同合作能从一定程度上缓解这个问题，但关键还是商家的能力与规模。聚合需求形式整体上说着有着较大的用户群体，如果商家有足够能力，这种形式还是很有发展空间的。

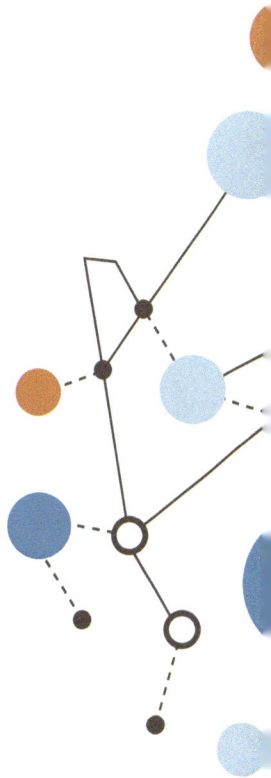

由用户提出个性化需求，商家根据需求生产个性化产品，用户为此付出一定的溢价，听上去不错但做起来很难。目前也有一些商品在销售时可以个性化定制，但这种个性化一般仅仅针对某个小模块，如 iPad mini 订购时背面的刻字，又如购买手机时外壳的颜色和样式等。这些定制可以给用户带来一定的个性化元素，让用户体会到产品的不同。但这还不够，仅仅是某一个模块的定制并不能带来实质性的变化，某一商品的外观、功能、包装、销售过程等都应该实现个性化的定制，这在目前看来并不容易实现，但这是一个发展趋势。人们都有从众的内在倾向，也可能正因为如此，我们才更加想让自己看起来与众不同，打造唯一属于自己的产品。这会迎合许许多多用户的需求。

当然，为了这种个性化，用户也需要付出更多的金钱，目前为个性化埋单的理念虽有发展但并没有完全普及，随着人们自我展现需求的不断加强及个性化的不断升级，为个性化埋单，买属于自己的产品的理念终会深入人心。这种深度个性化的定制也对商家的设计与生产提出了更高的需求，在设计产品时就要考虑如何让产品更有可配性，同时要为生产做铺垫，要考虑这样的个性化是否有利于生产？生产流程也需要做一定改变，这无疑会增加成本。可见个性化定制同样要求商家有较强的实力，普及真正的个性化定制还尚需时日。

要约形式将销售方与购买方的传统位置调换了一下，用户自己出价，商家选择是否接受，学术界则称为"逆向拍卖"或"买方定价"。简单来说，就是在买方定价的交易平台上，消费者开出希望购买的产品价格，以及产品的大致属性，然后静待产品提供方决定是否接受这个价格，并为消费者服务。

在设计要约形式时，规则十分重要，对用户的保护也十分重要，如果用户多次要约都以商家拒绝而结束，那么用户也不会第二次再访问你的网站。以高于产品成本一定区间内的价格销售，给予付溢价较多用户赠品或更好的服务等超出用户预期的体验，给多次要约失败用户一定补偿和鼓励，也许会有助于这类网站的稳定发展。这种模式相对较为新颖，可以吸引一定用户与商家，但设计与规则是重中之重，同时如果站内商品在别的公开平台可以查到价格，那么也就失去了意义，所以提供服务这种不好公开比较衡量价格的商品还是更合适一些。

总的来说 C2B 模式一定会是趋势，但一方面普及还尚需时日，另一方面不一定会直接出现大的 C2B 模式的电商，可能 B2C 类的电商都会慢慢向 C2B 方向过渡实现双模式并行，对一些商品实行 B2C 模式，对另一些商品实行 C2B 模式。B2C 电商行业竞争如此激烈，也许谁先抓住了 C2B 这个方向，谁就能像盟军在诺曼底登陆一样开辟出第二战场，我们拭目以待。

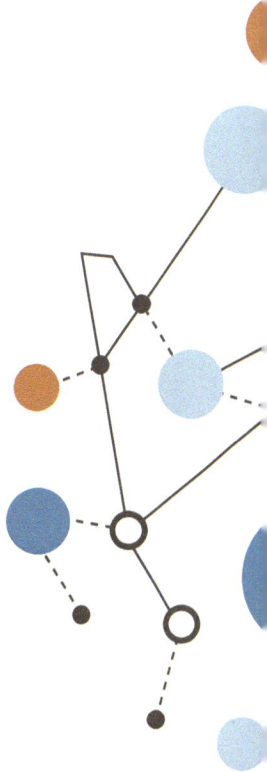

湖畔大学第一课

韩国银行《日本企业长寿的秘密及启示》报告调查了世界上不同国家拥有超过 200 年持续经营历史的企业数量：

日本 3146 家

德国 837 家

荷兰 222 家

法国 196 家

工匠精神

2015 年由柳传志、马云、冯仑、郭广昌、史玉柱、沈国军、钱颖一、蔡洪滨、邵晓锋等九名企业家和著名学者等共同发起创办，位于杭州西湖鹄鹕湾附近的湖畔大学正式成立。湖畔大学，旨在培养拥有新商业文明时代企业家精神的新一代企业家，目标学员主要为创业三年以上的创业者。按照首任校长马云的说法，湖畔大学跟其他商学院不一样，湖畔大学不是培养企业家怎么创业，而是希望让企业能够活得更长久。"希望在湖畔形成一种文化，让每个企业活长、活久，中国企业活到 30 年以上的非常之少，而这个大学的愿景就是做300 年。" 2015 年 3 月 25 日，湖畔大学开学了！第一天的任务是集体做琴，然后是集体乱弹琴……选材、打磨、选音阶、上漆都要自己动手，类似团队拓展训练，目的是让学员在做琴的过程中分工合作，增进了解。这是在向工匠精神致敬。工匠不一定都能成为成功的企业家，但大多数成功的企业家身上都具有"工匠精神"。

韩国银行 2012 年发布的《日本企业长寿的秘密及启示》报告书称，日本拥有 3146 家历史超过 200 年的企业，是全世界最多的；排在第二位的是德国，有 837 家；荷兰位居第三，拥有 222 家；而法国则拥有 196 家排在了第四的位置。这份报告认为，日本的长寿企业这么多，一个非常重要的原因是日本是一个特别重视"工匠达人"文化的国度，多数企业在经营中都恪守本分，全力做好分内的事情，追求精益求精，不盲目扩大经营。《寿司之神》是由大卫·贾柏拍摄的关于三星厨师小野二郎的纪录片。小野二郎今年虽然已 91 岁，仍然工作在寿司店，是全世界年纪最大的三星主厨，他可谓是师傅中的师傅、达人中的达人，在日本国内的地位相当高，"寿司第一人"的美称更是传遍全球。综观他的一生，超过 55 年的时间，都在做寿司，因此他对寿司所注入的精神，以及其技巧绝对是世上第一。

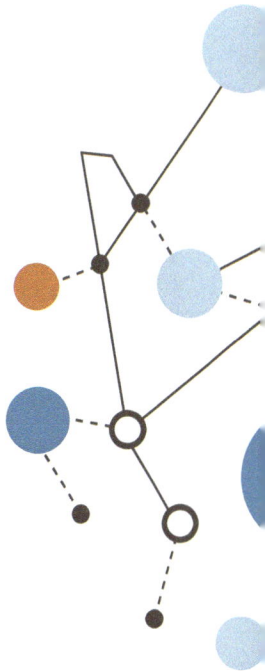

寿司之神——小野二郎

具有工匠精神人的工作思维：
钻研思维
精进思维
历练思维

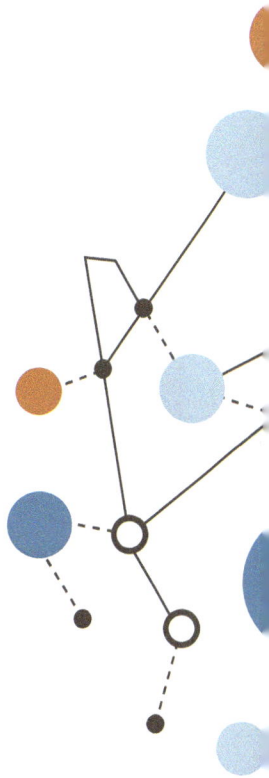

他的寿司店名叫"数寄屋桥次郎"，位于东京银座，只有 10 个座位，没有洗手间。店内的食材都是经过精心挑选的，从制作到入口的一瞬间，每个环节都经过了缜密的评估和计算。在这里吃饭要提前 1 个月预约（通常每月 1 日就预约完了），3 万日元（人民币 1700 元左右）起，顾客不能点餐，完全按当天的安排。一顿饭 30 分钟内吃完，顾客要马上走，因为后面还有预约。就是这样一间奇葩的小店，获得了米其林三星的荣誉，代表了寿司的最高水平。这间隐身于东京办公大楼地下室的小店，连续两年荣获米其林三颗星评价，甚至被誉为值得花一生去等待的店家。

　　我们呼唤的"工匠精神"，简单地说就是不把工作当做赚钱的工具，而是树立一种对工作执着，对所做的事情和生产的产品精益求精、精雕细琢的精神。表现在工作方面，具有工匠精神的人往往在工作中表现出特定的工作思维，如钻研思维、精进思维和历练思维等。

王永庆

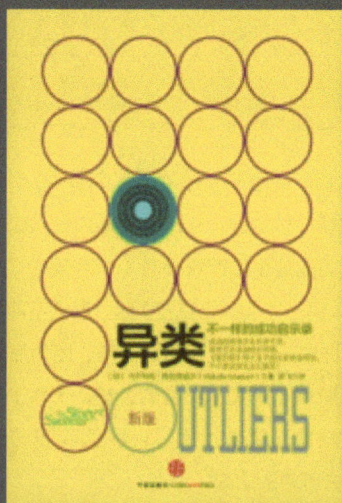
一万小时法则

企业家王永庆先生 15 岁小学毕业后，到一家小米店做学徒。第二年，他用父亲借来的 200 元钱作为本金自己开了一家小米店。为了和隔壁那家日本米店竞争，王永庆颇费了一番心思。当时大米加工技术比较落后，出售的大米里混杂着米糠、沙粒、小石头等，买卖双方都是见怪不怪。王永庆则多了一个心眼，每次卖米前都把米中的杂物拣干净，这一额外的服务深受顾客欢迎。

王永庆卖米多是送米上门，他在一个本子上详细记录了顾客家有多少人、一个月吃多少米、何时发薪等。算算顾客的米该吃完了，就送米上门；等到客发薪的日子，再上门收取米款。

他给顾客送米时，并非送到就算。他还帮人家将米倒进米缸里。如果米缸里还有米，他就将旧米倒出来，将米缸刷干净，然后将新米倒进去，将旧米放在上层。这样，米就不至于因陈放过久而变质。他这个小小的举动令不少顾客深受感动，铁了心专买他的米。

人们眼中的天才之所以卓越非凡，并非天资超人一等，而是付出了持续不断的努力。在大量的调查研究中，科学家发现，无论是在对作曲家、篮球运动员、小说家、钢琴家的研究中，还是在对象棋选手的研究中，这个数字"1 万"，反复出现。1 万小时的锤炼是任何人从平凡变成超凡的必要条件。将此称为"1 万小时定律"。要成为某个领域的专家，需要 1 万小时，按比例计算就是：如果每天工作 8 个小时，1 周工作 5 天，那么成为一个领域的专家至少需要 5 年。

"1 万小时法则"的关键在于，1 万小时是底限，而且没有例外之人。没有人仅用 3000 小时就能达到世界级水准；7500 小时也不行；一定要 1 万小时——10 年，每天 3 小时——无论你是谁。这等于是在告诉大家，1 万小时的练习，是走向成功的必经之路。

海尔的网络化战略变革是一场互联网时代的"价值发现"之旅，是对企业、员工和用户的再定义。海尔提出了从**"三无"**到**"三化"**的转型思路。

所谓"三无"是指：**企业无边界、管理无领导、供应链无尺度。**
所谓"三化"是指：**企业平台化、员工创客化、用户个性化。**

案例分析：海尔

"没有成功的企业，只有时代的企业。所有的企业都要跟上时代的步伐才能生存，但是时代变迁太快，所以必须不断地挑战自我、战胜自我"。海尔的网络化战略变革是一场互联网时代的"价值发现"之旅，是对企业、员工和用户的再定义。正因如此，海尔提出了从"三无"到"三化"的转型思路。

所谓"三无"是指企业无边界、管理无领导、供应链无尺度。什么叫企业无边界？在海尔的互联网时代展厅，四周的镜子相互反射，把这个封闭的空间变成了没有边界、无限延伸的平台。它寓意着企业没有了边界，不再是一个封闭的堡垒，而要变成一个平台型的生态圈。

互联网消除了距离，信息的主动权掌握在用户手中，用户点一点鼠标就可以轻松比较各品牌的商品质量和价格。"所以在互联网时代，企业需要的是打造一个并联平台的生态圈，把用户和企业都并联在一起，在这个平台上创造价值，实现企业的平台化"。

在传统的正三角组织结构中，由最高决策层发号施令，领导者已经很难触摸到用户的脉博。海尔将"正三角"颠覆为"倒三角"，使每个员工都直面用户，领导在底层为员工提供资源支持。在互联网时代，海尔的每个员工都可以成为"创客"。"创"就是创新，把各种创意通过互联网转变为现实。在互联网时代，用户就是领导，海尔就是要让每个员工都成为一名"创客"，根据用户的需求，按订单自主聚在一起，在海尔构建的平台上，接入全球一流的资源，创造最佳的用户体验。

供应链无尺度，要求满足用户需求个性化。在海尔的规划中，让用户参与研发，员工和用户都在海尔这个平台上全流程参与设计、研发，在海尔的动态网状组织里不断地变化角色。在海尔，所有利益攸关方，包括员工、用户、供方共同组成一个利益共同体，打破了传统垂直串联的供应链，全部并联起来直面用户，让用户从一开始的设计、研发就参与进来，实现一个全流程的交互、体验。

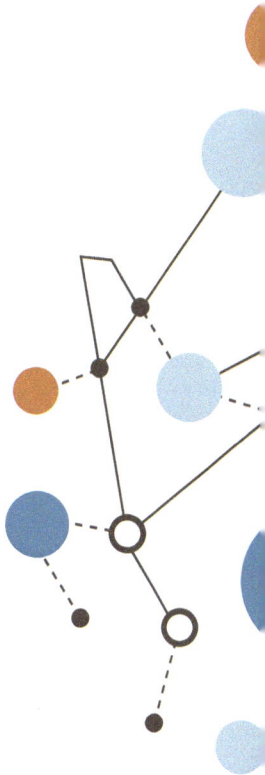

在 2013 年，海尔紧紧抓住"企业、员工和用户"三个环节，探索出了一条从全流程用户参与切入，进而交互推进、并联平台生态圈的建设，激发员工的创业精神，最终实现用户极致体验的社会化成长道路。

首先，海尔重新定义了用户，认为用户其实是一种不可多得的资源。有产品、有市场，但是如果没有可以看得见、摸得着、听得到的用户群，那就是与用户存在距离。在海尔的眼中，首先要有活生生的用户，然后才是企业和用户群共同创造的、带着情感和温度的产品。而非先有了产品然后才是用户，用户资源已经内化为海尔的战略资源。

其次，海尔对企业进行了再定义，着重加强平台数字能力。企业平台之间的竞争在于差异化价值的创造，而差异化价值创造从哪里来？我们通常会说来自差异化的用户体验。如果我们追问一句差异化的用户体验从哪里来？有人会说来自"与用户零距离"。那么我们再追问一句如何做到"与用户零距离"或者说如何做到比竞争对手离用户更近一些？无疑，数字能力是实现与用户零距离的关键。

最后，海尔重新定义了员工，将企业中传统意义上的员工转变成为"创客"。"雷神"的案例为海尔的互联网模式探索带来了一股清新之风、活力之风和希望之风。三个平凡的80后、90后员工不甘于传统模式，大胆迈出了第一步，做了自己想做的事情，释放了创业的激情，在创业的道路上披荆斩棘，创造着不平凡的事业。他们是战略变革的"火种"，越来越多的有着同样创意的"平凡员工"跃跃欲试，欲打破心中的枷锁，抛弃种种顾虑，加入到创造"不平凡"的事业的洪流中。

2014年，海尔进一步将航向聚焦在"三化"，即"企业平台化、员工创客化、用户个性化"，同时将互联网时代的企业行动重心落在"零距离"和"网络化"6个字上。

从"企业无边界"到"企业平台化"。现代企业扮演的不再是"产品中心"，更多的是"资源中心"，通过拆掉企业中"无形的墙"实现有效的资源整合，从而满足用户的需求。

从"管理无领导"到"员工创客化"。传统企业中，科层制的组织架构曾为企业带来了十分惊人的"执行力"，然而随着企业的发展壮大，科层制组织模式也体现出流程长、决策慢、创造力差等缺点。而实施"无领导"的海尔试图以"自组织"方式激发底层员工潜能，让每个人成为创新主体，用网络化的组织实现7万人的自主经营。

从"供应链无尺度"到"用户个性化"。传统直线型的供应链正在被"按需设计""按需制造""按需配送"的现代供应链取代。小米的成功也说明，只有让用户参与到企业的生产中来，才能很好地满足用户多样化、个性化、层次化的需求。

互联网时代来了，不管你愿不愿意、接不接受，互联网的势头正在从蚕食升级为席卷甚至颠覆，传统的商业规则在"信息不对称被不断打破"中日渐势微，传统的组织架构在"去中心化"中摇摇欲坠。尤其是智能终端、高速无线宽带网络的快速普及大大加快了全球"互联网化"的速度。

不得不说，无论是2013年的"三无"还是2014年的"三化"，张瑞敏都从一个传统企业的角度给出了互联网时代传统企业转型的范本。不论结果如何，这种敢于变革、敢于尝试、敢于行动的态度就值得点赞。

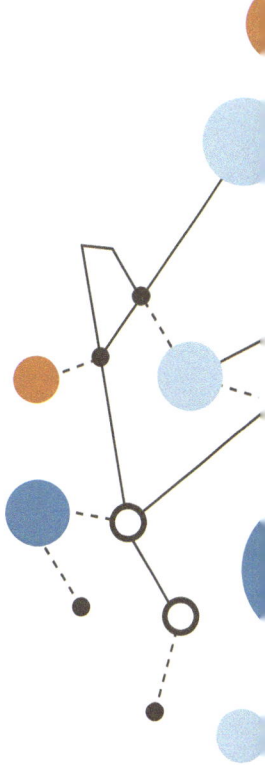

应用拓展

　　Priceline 是美国一家基于 C2B 商业模式的旅游服务网站。打开 Priceline 网站，最直观的可选项目就是"机票""酒店""租车""旅游保险"。Priceline 属于典型的网络经济。它为买卖双方提供一个信息平台，同时提取一定佣金。对于希望按照某一种住宿条件或某一指定品牌入住的消费者，Priceline 也提供传统的酒店预订服务，消费者可以根据图片、说明、地图和客户评论来选择想要的酒店，并且按照公布的价格付款。Priceline 所创立的"Name Your Own Price"（客户自我定价系统）十几年来一直独树一帜，被认为是网络时代营销模式的一场变革，而 Priceline 公司则在发明并运用这一模式的过程中迅速成长。Priceline 提供了一种完全不同于传统预订业务的服务。甚至在整个消费者市场，这样的商业模式都不多见。

这种模式允许消费者通过网络向 Priceline 网站就某种商品或服务报出自己愿意支付的价格，由 Priceline 负责从自己的数据库或供应商网络中寻找愿意以消费者所定的价格出售该种产品的供应商。

比如，在 Priceline 网站上预订酒店的消费者需要将酒店星级、所在城市的大致区域、日期和价格提交系统，不到一分钟后，Priceline 网站就会返回一个页面，告知此价格是否被接受，并将产品的具体信息，包括酒店名称、地址反馈给消费者。此时，消费者必须接受这次交易，无论该酒店是否中意，购买行为不能反悔。

Priceline 发明的"Name your own price"系统是经济学中价格与价值相互关系原理的延伸解读。即产品的价值和使用价值可以通过价格体现出来，但是产品越接近保质期，它的使用价值就越小，理论上达到保质期时点时，产品的使用价值就会变为 0。具体到机票或酒店行业，越临近登机或入住，机票和酒店客房的实际价值就越小，而一旦飞机起飞或客房空置超过午夜 24 点，其使用价值便会为 0。

对于航空公司来说，在临近'保质期'的时刻，多售出一张机票，多搭乘一个旅客的边际成本是机舱食物，而边际效益却可以达到最大化；对于酒店运营商来说，售出最后一间客房的边际成本只是洗浴用品和水电费用。因此，飞机即将起飞时的最后空位和酒店最后的空置客房，对供应商来说当然是多卖一个赚一个。

这种定价模式并不适合所有人群，只对价格敏感型客户起作用，对在时间和效率上要求较高的商务人士或高端客户并没有足够的吸引力，因为他们不缺钱。所以，Priceline 主要是针对价格敏感型客户和希望能够低价旅行的消费者设计自己的产品和服务，而正是这部分价格敏感的群体构成了Priceline 的主要客户群。

国内有携程网或艺龙网等大型旅游服务网站，国外有 Expedia，它们主打的是"旺季"销售，而 Priceline 作为后来者并没有抢占传统 B2C 模式的市场份额，而是巧妙避其锋芒，深入挖掘"淡季"客户资源。在"淡季"，较多的旅游资源供较少的消费者选择，因而存在大量临近"保质期"的旅游商品。

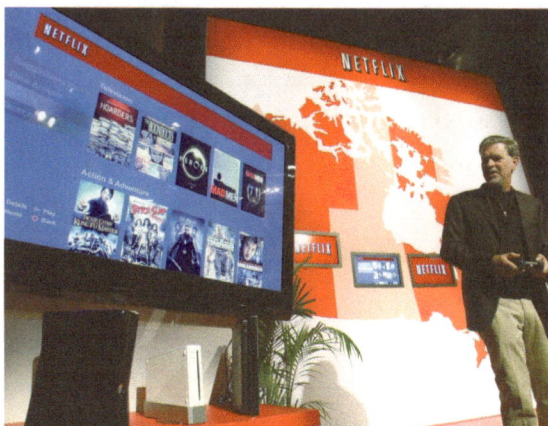

Netflix 及创始人里德·哈斯廷斯

20 世纪 90 年代，从 DVD 租赁店借片子在家看很流行。里德·哈斯廷斯也是 DVD 租赁店的常客，可是一次里德·哈斯廷斯借了一部影片忘记了归还，结果不得不为逾期归还支付了 40 美元的滞纳金，比买张新的 DVD 还要贵很多。里德·哈斯廷斯认为租借 DVD 一定有更好的模式能够避免这样不愉快的事情发生，于是创建了自己的 DVD 租赁公司——奈飞（Netflix）。

十几年过去了，奈飞从 DVD 租赁店跃升为网络流媒体时代的在线视频巨头。许多当年交战过的霸主敌不过时代的变迁而日渐淡出，奈飞却不断赋予自己全新的生命，成为全美最大的流媒体运营商。

早在 DVD 租赁时代，奈飞就设计了推荐系统。因为通常人们会一窝蜂地去借最近流行的影片，当然这样的影片往往意味着版权成本更高，而冷门影片却很难引起人们的兴趣。这个推荐系统基于过往与用户大量的交互，通过跟踪会员的观看习惯和行为，以及他们的观后推荐、影片评论和评级等信息，运用高智能化的一套计算方法，来推测会员可能感兴趣的其他影片，其中就包括很多不受关注的冷门影片。

奈飞将这些被忽视的影片推荐给可能感兴趣的会员，由此冷门影片的租借率被大大提高。资源得到优化后，热门影片的投入成本得以降低，而冷门影片的回报率由此提高，最终提升了企业的净利润。在当时，基于客户信息进行数据挖掘来预测和影响消费行为的营销方法并不多，而奈飞对此却相当重视并煞费苦心。当新会员加入时，奈飞会鼓励用户为自己的观看计划列出至少 6 部喜欢的电影，以便日后进行个性化推荐。在之后的过程中，系统还会通过邮件持续地提醒用户还需要加入几部电影，并指导用户如何找到更多喜好的电影。这也进一步提升了客户的体验。在进入在线业务后，虽然不存在 DVD 碟片实体，但仍旧有资源配置的问题，同一部片子同时点播的人数越多对系统宽带的压力就越大，流量分布若能提前预知则能更好地应对。

2012 年，奈飞为 26 集的原创剧情提前支付了 1 亿美元，购买剧本版权，以作为剧组预算。协议规定，奈飞拥有《纸牌屋》的独家播放权两年。这意味着，该美剧只能在奈飞上付费观看。奈飞邀请导演大卫·芬奇执导、凯文·斯派西主演投资拍摄剧集《纸牌屋》。这是奈飞首次原创剧尝试，如何保证投资不打水漂，秘密就来自对消费者需求的把握。用户只要登录奈飞网站，其每一次点击、播放、暂停甚至看了几分钟就关闭视频，都会被作为数据进入后台分析。当时奈飞拥有 3300 万个会员，这些会员每天在线产生 3000 万个行为，给出 400 万个影视评分、300 万次的搜索请求。基于海量的会员数据和精准的分析方法，奈飞比所有人都清楚人们喜欢看什么。因为奈飞的数据库告诉它《社交网络》和《七宗罪》的导演大卫·芬奇很叫座，凯文·斯派西很受观众喜爱，而且 1990 年 BBC 拍摄的《纸牌屋》也很成功。奈飞有理由相信《纸牌屋》的投资获得高回报是大概率事件。奈飞之所以一次性播放 13 集《纸牌屋》，是因为大数据观测到，更多人不喜欢在固定时刻收看电视剧，而是"攒起来"，直到全集播放完毕再一次性看完。

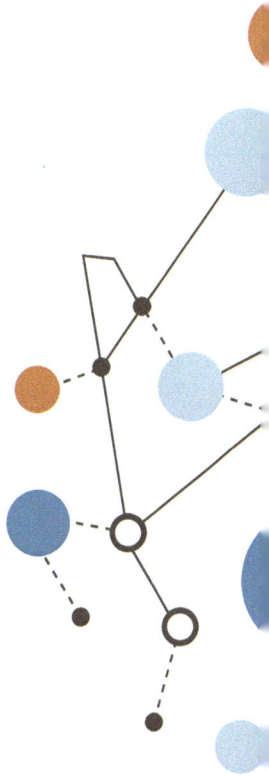

PART 8

"互联网＋"时代的价值传递

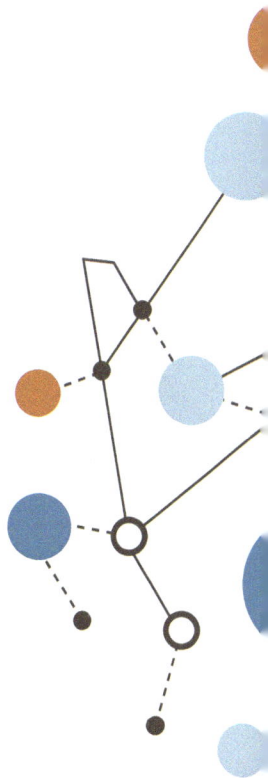

案例：荣昌 e 袋洗

　　荣昌洗衣的故事开始于 1990 年。当时，从北京轻工业学院（现北京工商大学）毕业、留在校办工作的张荣耀，不甘于"体制内"一成不变的生活，与兄弟一起创业，做起了皮衣清洁生意。20 世纪 90 年代初，大范围的"皮衣热"让张荣耀的生意越做越大，获得良好现金流的同时，不愿过舒服日子的张荣耀也在不断寻找新的机会，比如做专业洗衣设备的生意。

　　荣昌洗衣最早从设备代理销售中尝到甜头。1996 年，荣昌引入意大利品牌伊尔萨，在全国推广集成十几种洗染种类的干洗设备。当年买回设备的店家发现，借助荣昌和伊尔萨的品牌效应，能够得到更大的收益。受此启发，张荣耀兄弟开始尝试特许加盟的连锁经营模式，并将伊尔萨的独家品牌使用权收入囊中。于是，兄弟俩走上荣昌和伊尔萨的双品牌路线。从 1999 年到 2003 年，荣昌连锁门店从 15 家扩张到 300 余家，在第一个快速扩张期内，成长为国内最大的洗染连锁企业。

　　但好景不长，随着扩张的加剧，洗衣连锁模式的弊端逐渐显现。究其本质，洗衣连锁是一种以设备的销售带动的重资产扩张模式。随着荣昌连锁店铺的迅速铺开，市场上的设备存量及其能够提供的加工能力，以更高的加速度超越了人们的洗衣需求。每投入 60 万元~100 万元增开一家新店，意味着又一次陷进重复投资和产能过剩的怪圈，并对环境造成不小的污染。

　　而在城市内部，优质的店铺资源日渐稀缺。"前店后厂"的形态下，380V 三相电路、数十吨的载重能力、上下水系统是一家洗衣连锁店的"标配条件"。同时，这个地址还需要拥有庞大的人流量且对环境噪声不敏感。且不论满足如此苛刻条件的店址有多少，一旦有这样的地方，荣昌在日益高涨的房租前更加缺少议价的能力。

　　站在荣昌洗衣总部管控的角度，大部分加盟店一旦买到设备、把技术学会，迟早会与荣昌总店分道扬镳，数年培育起来的人力资源付诸东流；而任何一家加盟店出现问题，都会使整个荣昌洗衣的品牌受到牵连。

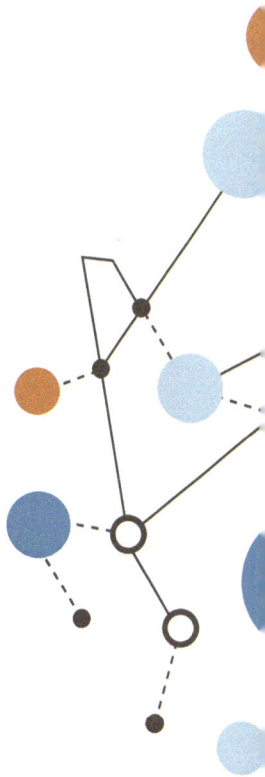

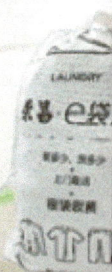

在张荣耀看来，这种美国式的连锁商业模式已不再适合国内市场。于是，荣昌在 2004 年推出"一带四"联网卡模式：用四家店辐射社区、负责收货，一家店装备干洗设备完成洗涤；并在信息化上投入巨资，用全国联网卡统一服务，解决地域的限制。

联网卡推行数年后，积分、点评、投诉、预订等功能渐成系统，尤其是支付功能的统一，让现金流能够更为快捷地向总部集中。由此，连锁洗衣模式发生了改变，用户量剧增，用户能够在线购卡、线下消费，荣昌由此迈出 O2O 第一步。

2013 年张荣耀决定全面转型 O2O。张荣耀认为，谁能整合真正的线下资源，谁就能成为这场卡位战的焦点。他坚信，传统企业才是这波浪潮的真正主导，而他手中 23 年历史的荣昌，可能成为浪尖上最炫目的公司——前提是，老公司能引入新鲜血液，完成互联网思维的彻底改造。e 袋洗是一个基于移动互联网的洗衣服务产品，区别于传统洗衣按件计费的洗衣模式，顾客只需将待洗衣物装进制定洗衣袋里（按袋计费，能装的件数看客户的自我挑战），预约上门取件时间，2 小时内有专门的取送人员上门取件。取件时，取送人员当面将装好衣物的 e 袋进行铅封，对衣物进行洗前检查和分类，全程视频监控。e 袋洗作为一种全新概念的洗衣方式，通过移动终端下单，按袋计费，全天候上门服务，彻底省下了时间和金钱。每袋只要 99 元（原价 158 元），相当于 3~7 折清洗。每件衣物都会经过精心的熨烫，并且会在 72 小时内送回。

这个上线于 2013 年感恩节的新项目，在不到半年的时间里，北京地区的粉丝数就突破了 10 万，日订单突破了 1000 单。e 袋洗因为良好的洗衣体验和精准的用户定位成为国内传统企业转型的新标杆。e 袋洗在成立之初，就提出了"按袋付费"的经营思路：送用户一个帆布袋，装多少衣服都是 99 元洗一袋。用户也可自行选择按件清洗，所有服务都是上门收衣送衣、免运费、2 小时内取衣、72 小时内送回。

截至 2015 年 7 月，e 袋洗已拥有 400 万用户，服务覆盖了 16 个城市。到 2015 年年底，e 袋洗的服务覆盖了 50 个城市。荣昌下一步想做的是通过未来的单品，真正把整个体系串起来，最终做一个家庭服务平台。e 袋洗将重点运营家庭服务中的 2 ~ 3 个重点品类，其他品类的服务通过投资孵化和外部合作等方式布局，最终实现提供家庭生活场景下 80% 服务的目标。

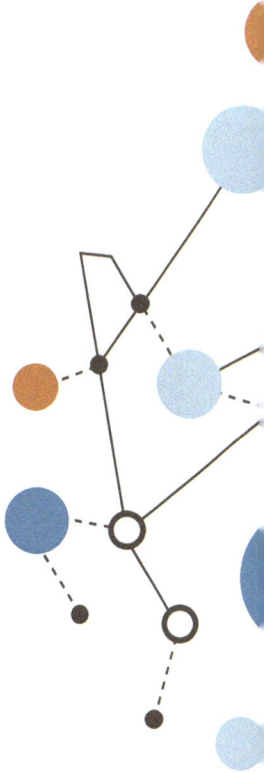

亚历克斯·兰佩尔

O2O 的四种基本模式:

Online to Offline 模式（线上交易到线下体验模式）

Offline to Online 模式（线下营销到线上交易）

Offline to Online to Offline 模式（线下营销到线上交易再到线下消费体验）

Online to Offline to Online 模式（线上交易或营销到线下消费体验再到线上消费体验）

O2O

在线支付平台 Trial Pay 创始人兼 CEO 亚历克斯·兰佩尔（Alex Rampell）在分析 Groupon、 OpenTable 等公司时，发现了它们之间的共同点：它们促进了线上、线下商务的发展。亚历克斯·兰佩尔将该模式定义为"线上—线下"（Online to Offline）商务，简称为（O2O）。其核心是在网上寻找消费者，然后将他们带到现实的商店中，它是支付模式和线下门店客流量的一种结合，实现了线下的购买。在线上和线下的互动实践中，至少存在4 种基本的依存关系。

Online to Offline 模式（线上交易到线下体验模式）

最早的 O2O 是团购网站，如美团网，用"临时促销"的方式，把网上的用户，带到线下的店铺消费。又比如，打开大众点评或百度地图，都可以通过 App 实时关注周边提供的餐饮、美容、电影等服务项目，可以在网上进行预订和预付，然后再前往线下享受其提供的服务。

Offline to Online 模式（线下营销到线上交易）

随着智能手机的兴起及 4G 移动网络的普及，二维码拍码购的模式开始兴起，很多企业通过线下做营销，然后在线上实现交易，这也是 O2O 的模式。例如，1 号店在地铁站贴上带有二维码的电子标签的商品海报，消费者在等待地铁到达的过程中，就可以随手一扫完成购物。

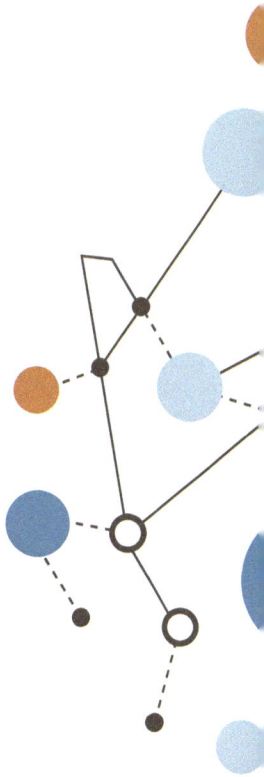

Offline to Online to Offline 模式（线下营销到线上交易再到线下消费体验）

电信运营商为留住手机客户，会在每个时间段进行营销，而且很多营销在线下触发、线上完成交易，然后客户在线下消费体验。每年年初，三大电信运营商都会开展"预存话费送大礼"活动来留住手机客户，或者到了节假日再开展些活动来关怀客户或营销。每年9月月初，当大学新生入校的时候，三大运营商便展开争取这个庞大客户群的重要战役，电信运营商经常开展"校园新生开卡送礼"营销活动，这个模式基本上在线下开展营销、在线上完成交易，然后手机客户再到线下完成消费体验。

Online to Offline to Online 模式（线上交易或营销到线下消费体验再到线上消费体验）

这种模式现在并不是很多，但是我们相信它会是未来可能主导的一种O2O模式。比如，一个网络游戏的玩家，在线上打游戏，然后在游戏过程中，会要求玩家去线下补充一点能量饮料或要求游戏的不同玩家在线下集体完成一个密室逃脱才能继续完成后续的游戏环节。这实际上给网络游戏的衍生产品或线上线下的异业联盟提供了更多的可能性，也使得玩家获得更加多维和多层次的游戏体验。

在早期，O2O线上线下初步对接，主要是利用线上推广的便捷性等把相关的用户集中起来，然后把线上的流量导到线下，主要集中在以美团为代表的线上团购和促销等领域。在这个过程中，存在着单向性、黏性较低等特点。平台和用户的互动较少，基本上以交易的完成为终结点。用户更多受价格等因素驱动，购买率和消费频率等也相对较低。

发展到第二阶段后，O2O基本上已经具备了目前大家所理解的要素。这个阶段最主要的特色就是升级服务性电商模式：包括商品（服务）下单、支付等流程，把之前简单的电商模块转移到更加高频和生活化场景中来。由于传统的服务行业一直处在一个低效且劳动力消化不足的状态，在新模式的推动和资本的催化下，出现了 O2O 的狂欢热潮，于是上门按摩、上门送餐、上门生鲜、上门化妆、滴滴打车等各种 O2O 模式开始层出不穷。

在这个阶段，由于移动终端、微信支付、数据算法等环节的成熟，加上资本的催化，用户出现了井喷，使用频率和忠诚度开始上升，O2O 和用户的日常生活开始融合，成为用户生活中密不可分的一部分。但是，在这中间，有很多看起来很繁荣的需求，由于资本的大量补贴等，让虚假的泡沫掩盖了真实的状况。有很多并不是刚性需求的商业模式开始浮现，如按摩、洗车等。

到了第三个阶段，开始了明显的分化，一个是真正的垂直细分领域的一些公司开始凸现出来。比如，专注于快递物流的"速递易"，专注于高端餐厅排位的"美味不用等"，专注于白领快速取餐的"速位"。另外一个就是垂直细分领域的平台化模式，由原来的细分领域解决某个痛点的模式开始横向扩张，覆盖到整个行业。

比如，"饿了么"从早先的外卖到后来开放的蜂鸟系统，开始正式对接第三方团队和众包物流。以加盟商为主体，以自营配送为模板和运营中心，通过众包合作解决长尾订单的方式运行。配送品类包括生鲜、商超产品，甚至是洗衣等服务，实现平台化的经营。

整体来看 O2O 模式运行得好，将会达成"三赢"的效果。

对本地商家来说，O2O 模式要求消费者网站支付，支付信息会成为商家了解消费者购物信息的渠道，方便商家对消费者购买数据的搜集，进而达成精准营销的目的，更好地维护并拓展客户。通过线上资源增加的顾客并不会给商家带来太多的成本，反而带来更多利润。此外，O2O 模式在一定程度上降低了商家对店铺地理位置的依赖，减少了租金方面的支出。

对消费者而言，O2O 提供丰富、全面、及时的商家折扣信息，能够快捷筛选并订购适宜的商品或服务，且价格实惠。

对服务提供商来说，O2O 模式可带来大规模高黏度的消费者，进而能争取到更多的商家资源。掌握庞大的消费者数据资源，且本地化程度较高的垂直网站借助 O2O 模式，还能为商家提供其他增值服务。

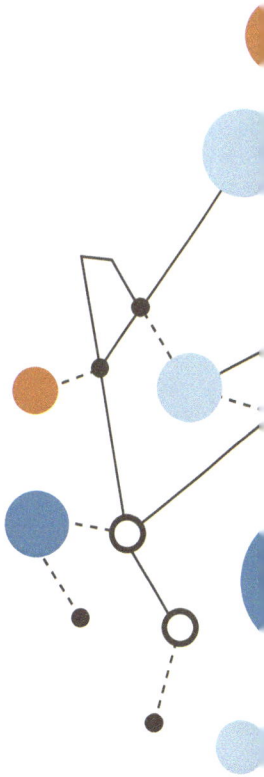

共享经济

共享经济的三种形态：
产品—服务系统
市场再流通
协同生活方式

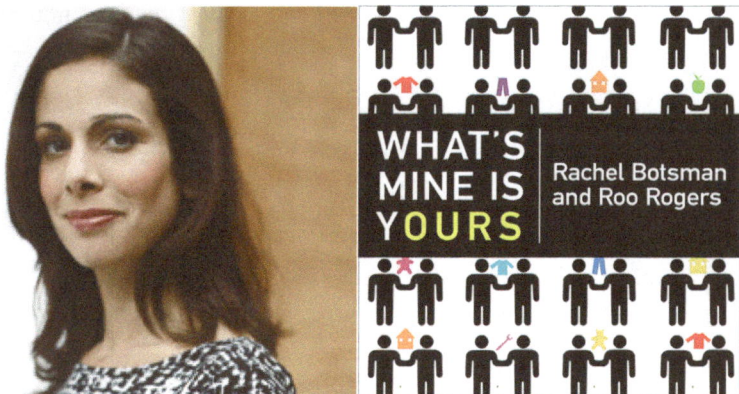

雷切尔·波特斯曼及其作品《我的就是你的》

　　随着互联网的发展，一种新的消费模式正在兴起。人们可以在互联网上发布自己的需求，跟其他的消费者一同分享房间、汽车、衣服、工具等，以较低的成本满足自己的需要。与此同时，出租者可以利用闲置的产品赚取额外的费用。

信息技术的发展为共享经济提供了技术支持，共享经济涉及的拼车、拼房、图书共享、日常用品的交换等均可通过互联网实现。只需一部智能手机，就可将世界各地的消费者联系起来，实现直接交换、资源共享。当今时代，互联网技术将众多的消费者集聚起来，实现市场的全球化，消费者在互联网上浏览产品信息、发布需求信息，通过互联网达成交易，享受互联网带来的更为方便快捷的服务。在网络发展的不同阶段都存在着不同程度的分享行为。

第一阶段是程序员之间可以自由共享网络规则。如最早出现的 FTP，这是仅限较为专业人士进行的信息共享方式。

第二阶段是人们在网上分享自己的生活，晒美食、晒旅游、晒自拍，如国外的 Facebook 和 Twitter，中国的微博、微信朋友圈等。

第三阶段，人们可以在网络上分享自己的创造成果，就像 YouTube、优酷和土豆等，他们把自己精心制作的视频等上传至网络让其他人欣赏。

第四个阶段，人们利用互联网迅速链接一切的技术在现实世界里分享各种资产、物品及知识，也就是我们现在看到的共享经济的形式。

What's Mine is Yours 的作者雷切尔·波特斯曼（Rachel Botsman）认为共享经济包括至少三种基本的形态。

第一种形态："产品—服务系统"，即人们将自己的私人用品汽车、房子在闲置时出租给其他人使用来获得额外的收入。第二种形态："市场再流通"，即二手物品交易，代表形式有免费赠送闲置物品的捐赠平台，或者进行出售的 Ebay、Gumtree 和一些允许交换闲置物品的论坛。第三种形态："协同式生活方式"，即众多有着相似需求和兴趣的人们聚集在一起分享交换一些相对隐性的资源，如时间、空间和技能。典型的有"时间银行"，"时间银行"的倡导者是美国人埃德加·卡恩。1980 年，卡恩 46 岁，却经历了一次大面积心肌梗塞，这次经历让他对生活有了新的理解，他的生活方向也由此改变。所谓时间银行，是指志愿者将参与公益服务的时间存进时间银行，当自己遭遇困难时就可以从中支取"被服务时间"。

《福布斯》曾经在 2013 年用封面报道共享经济对未来产生的影响。文章认为："这是一场前所未有的革命，正悄悄地把数百万人变成兼职的创业者，打破了消费和所有权的旧有观念。"

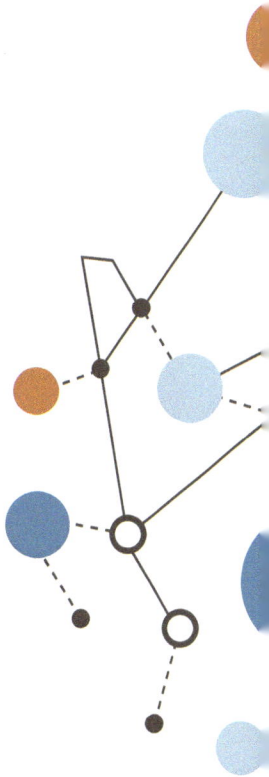

埃德加·卡恩及时间银行

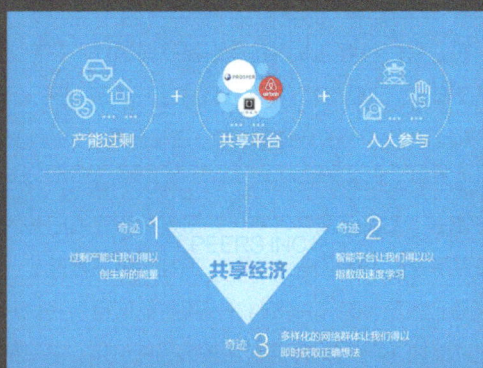

闲置资源粗略分类:

闲置资源(汽车、住房、设备等)

闲置时间(非正常营业时间)

闲置技能(不作为主业或者能够以去中介、去公司化的形式提供的特长、技能从共享经济模式的角度，我们也可以把闲置资源粗略分为三大类：闲置资源（汽车、住房、设备等）、闲置时间（非正常营业时间）、闲置技能（不作为主业或者能够以去中介、去公司化的形式提供的特长、技能）。

2000 年两名热心环保的女士在美国马萨诸塞州剑桥市创办 Zipcar。Zipcar 的经营模式非常简单清晰，顾客第一次加入 Zipcar 时需要支付 25 美元的申请费（需要完善信用卡资料），然后 3 ~ 7 个工作日后 Zipcar 会给你一张很重要的会员卡。Zipcar 的车子通常停放在居民比较集中的地区，当会员需要用车时，可以直接上 Zipcar 的网站或者通过电话搜寻需要的那段时间内有哪些车可用，网站就会根据车子与会员所在地的距离，通过电子地图排列出可租用的车辆的基本情况和价格，会员可以根据自身出行的特点选择汽车的生产厂家、型号甚至颜色，进行预约，预约后就在预约的时间内到车子的所在地拿车。会员通常只需要 5~10 分钟路程，用会员卡就可以开 / 锁车门（磁卡感应，没有预约的车是无法开启的），然后将车开走。使用完之后于预约的时间内将车开回原本的地方，用会员卡上锁，走人。Zipcar 的租车模式不仅减少了人工服务的费用，而且自助消费的模式也让消费者拥有很大的自主权，因此很快流行开来。而且 Zipcar 设有一位主管，专门负责精简流程，设法以科技系统取代人工，让会员花在租车上的时间越来越少，而公司的成本也会越来越低。

在 Zipcar 的创始人罗宾·蔡斯看来，共享经济有三个要素：一是过剩产能；二是参与的平台；三是不同个体的参与。为什么是这三个构成要素呢？因为平台可以汇聚过剩产能的价值，再加上很多人的参与，会带来快速的放大和成长，以及很多革新，这样一来，产品会变得定制化、专业化。

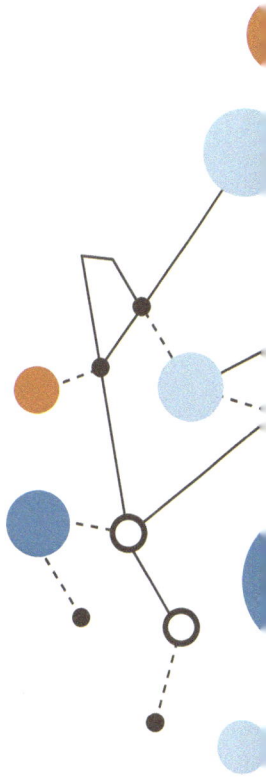

大数据

大数据时代数据的特点：
数据体量够大（Volumn）
数据类型多（Variety）
数据价值密度低（Value）
数据具有实效性（Velocity）

大数据带三个颠覆性观念转变：
是全部数据，而不是随机采样
是大体方向，而不是精确制导
是相关关系，而不是因果关系

　　随着智能手机及可穿戴设备的出现，我们的行为、位置，甚至身体的生理数据等每一点变化都成为了可以被记录和分析的数据。如今已经进入一个大规模生产、分享和应用数据的时代，大数据思维首先就是要能够理解数据的价值，并且知道如何利用大数据为组织和企业的经营决策提供依据，即通过数据处理创造商业价值。在大数据时代，组织和企业通过收集、挖掘大量内部和外部的数据，可以预测市场需求，进行智能化决策分析，从而制定更加行之有效的战略。在这样的环境之下，传统的经营管理企业都将改变成为数据驱动的企业。

　　在云计算出现之前，传统的计算机是无法处理如此量大且不规则的"非结构化数据"的，以云计算为基础的信息存储、分享和挖掘手段，可以便宜、有效地将这些大量、高速、多变化的终端数据存储下来，并随时进行分析与计算。大数据与云计算是一个问题的两个方面：一个是问题；另一个是解决问题的方法。

通过云计算对大数据进行分析、预测，会使得决策更为精准，释放出更多数据的隐藏价值。数据，这个 21 世纪人类探索的新边疆，正在被云计算发现、征服。

时代对人类的数据驾驭能力提出了新的调整，也为人们获得更为深刻、全面的洞察能力提供了前所未有的空间与潜力。如何理解大数据中的"大"呢？从数据的特点来看表现在如下几个方面。

数据体量够大（Volumn），从 TB 级别，跃升到 PB 级别；它不是样本思维，而是全体思维。大数据不再抽样，不再调用部分，要的是所有可能的数据，是一个全貌。

数据类型多（Variety），数据形式包括文本、图像、视频、机器数据、地理位置信息等。

数据价值密度低（Value），以视频监控为例，在连续不断的监控过程中，可能有用的数据仅仅有一两秒。

数据具有实效性（Velocity），数据处理速度快，即时输入、处理与丢弃，立竿见影而非等候见效。比如我们在百度输入一条查询信息，后台必须经过大量计算迅速呈现，而不是等了一个小时才看到结果。

大数据带给我们的三个颠覆性观念转变：是全部数据，而不是随机采样；是大体方向，而不是精确制导；是相关关系，而不是因果关系。

是全部数据，而不是随机采样：在大数据时代，我们可以分析更多的数据，有时候甚至可以处理和某个特别现象相关的所有数据，而不再依赖于随机采样（随机采样，以前我们通常把这看成是理所应当的限制，但高性能的数字技术让我们意识到，这其实是一种人为限制）。

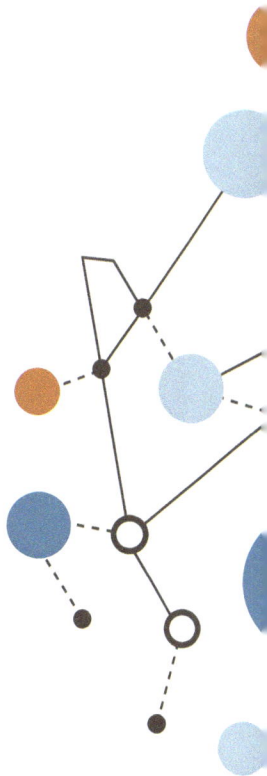

斯蒂夫·列维特及其作品

体育竞技中的消极比赛一直被极力禁止，备受谴责，很多运动员也深受困扰。在日本，其国民体育运动"相扑"比赛中也存在着人为操纵比赛结果的问题。相扑运动员每个赛季需要进行 15 场对抗赛，选手需要在 15 场赛事中的大部分场次取得胜利才能保持排名和收入。这样一来就会出现利益不对称的问题。比如，一名 7 胜 7 负的相扑运动员，碰到了一位 8 胜 6 负的对手时，比赛结果对第一个选手来说极其重要，对他的对手而言则没有那么重要。在这种情况下，需要赢的那个选手很可能会赢，这看起来就像是对手送来的一份"礼物"，因为相扑运动员的圈子很小，大家抬头不见低头见，帮别人一把就是给自己留了一条后路，因此，很可能出现你好我也好的局面。但这对爱好相扑运动的观众们显然是不公平的。

芝加哥大学的经济学家斯蒂夫·列维特使用了 11 年中超过 64000 场摔跤比赛的记录，寻找其中的异常性。他们获得了重大的发现。非法操纵比赛结果的情况确实时有发生，但是不会出现在大家都很关注的比赛上。

冠军赛也有可能被操纵，但是，数据显示消极比赛还是会出现在不太被关注的联赛的后几场中。这时基本上没有什么风险，因为很多选手根本就没有获奖的希望。这个情况是显而易见的，但是如果只是采用随机采样进行分析，就无法发现这个情况。而大数据分析通过使用所有比赛的极大数据捕捉到了这个情况。

是大体方向，而不是精确制导：研究的数据如此之多，以至于我们不再热衷于追求精确度；之前需要分析的数据很少，所以我们必须尽可能精确地量化我们的记录，随着规模的扩大，对精确度的痴迷将减弱；拥有了大数据，我们不再需要对一个现象刨根问底，只要掌握了大体的发展方向即可，适当忽略微观层面上的精确度，会让我们在宏观层面拥有更好的洞察力。2006 年，谷歌公司开始涉足机器翻译。这被当做实现"收集全世界的数据资源，并让人人都可以享受这些资源"目标的一个步骤。谷歌翻译开始利用一个更大更繁复的数据库，也就是全球的互联网，而不再只利用两种语言之间的文本翻译。

谷歌翻译系统为了训练计算机，会吸收它能找到的所有翻译。它会从各种各样语言的公司网站上寻找对译文档，还会去寻找联合国和欧盟这些国际组织发布的官方文件和报告的译文。它甚至会吸收速读项目中的书籍翻译。谷歌翻译部的负责人弗朗兹·奥齐指出："谷歌的翻译系统不只是会仔细地翻译 300 万句话，它会掌握用不同语言翻译的质量参差补齐的数十亿页的文档。" 尽管其输入源很混乱，但较其他翻译系统而言，谷歌的翻译质量相还是很好的，而且可以翻译的内容更多。到 2012 年，谷歌数据库涵盖了 60 多种语言，甚至能够接受 14 种语言的语音输入，并有很流利的对等翻译。谷歌的翻译之所以更好，并不是它拥有一个更好的算法机制，是因为谷歌翻译增加了很多各种各样的数据，甚至收集了一些有错误的数据。2006 年，谷歌发布的上万亿条的语料库，就是来自于互联网的一些废弃内容，这就是"训练集"可以正确地推算出英语词汇搭配在一起的可能性。

　　是相关关系，而不是因果关系：我们不再热衷于找因果关系，寻找因果关系是人类长久以来的习惯，在大数据时代，我们无须再紧盯事物之间的因果关系，而应该寻找事物之间的相关关系；相关关系也许不能准确地告诉我们某件事情为何会发生，但是它会提醒我们这件事情正在发生。

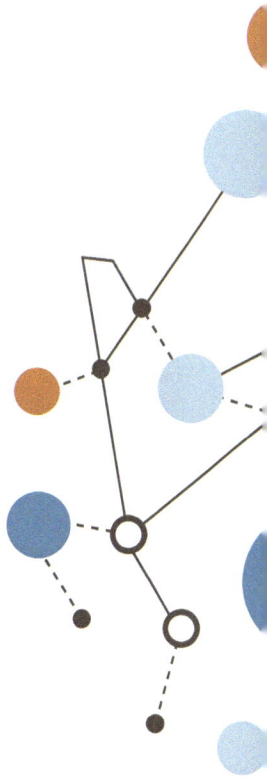

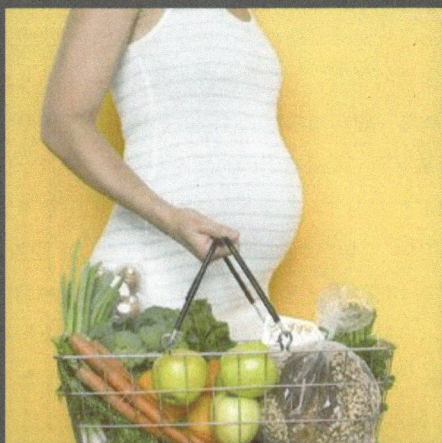

塔吉特"孕妇案例"

2012 年的某一天，一个男人冲进一家位于明尼苏达州阿波利斯市郊的塔吉特 (Target) 超市兴师问罪：为什么超市不停地向他的高中生女儿邮寄婴儿尿布样品和配方奶粉的折扣券？"你们是在鼓励她怀孕吗？"愤怒的父亲质问超市经理。几天过后，超市经理打电话向这位父亲致歉，这位父亲的语气变得平和起来，他反过来道歉说，他的女儿确实怀孕了，预产期在 8 月份。对零售商而言，一个家庭将要孕育一个新生命，往往是一对夫妻改变消费观念的开始。因此，影响消费者的购物习惯，争夺他们对品牌的忠诚度是至关重要的。

　　时间决定一切，谁能比其他零售商早知道孩子将要出世，谁就能占得先机。塔吉特的数据分析团队，在查看准妈妈的消费记录之后，找出了 20 多种关联物，通过这些关联物对她们进行"怀孕趋势"预测，并寄送相应的优惠券，精准又高效。比如，婴儿登记处的准妈妈们，在孕中期会购买大量的无香味乳液。大约在怀孕 20 周之后的孕妇，会增加购买钙、镁、锌营养品的数量。而当顾客突然开始大量购买无香味肥皂、超大包的棉花球、消毒杀菌剂和毛巾的时候，这就意味着这个家庭将有孕妇要生产了。大数据已成为企业的核心资产，数据挖掘与分析成为企业的关键竞争力乃至核心竞争力。大数据思维同样贯穿在企业经营的整个价值链条。大数据核心不在大，而在于数据挖掘和预测。大型存储库中储存的数据信息，包括消费者、渠道，以及所有在今后 10 年甚至更久会推动企业发展的信息。 管理人员可以从大数据中了解整个用户决策过程中的关键信息，并利用这些信息使传播比以往更及时、更有效、更具吸引力。

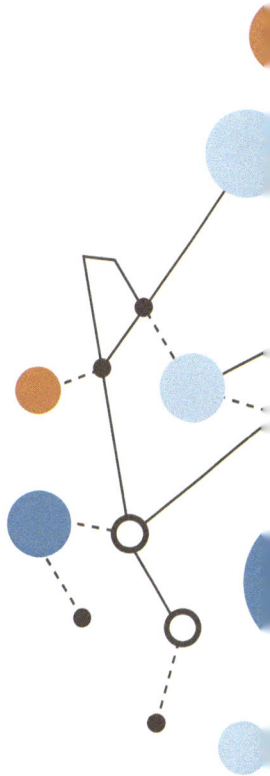

案例分析：荣昌 e 袋洗

将传统的洗衣服的纸质衣物明细单变为微信推送

传统洗衣行业虽然一直保持较高的毛利率，但是净利润并不高，这主要是因为房租成本造成的。这个行业对房地产的依赖性较强，有的干洗店因为付不起高额房租一夜倒闭，给用户造成了不小的麻烦。行业乱象众生，大量低质设备进入，洗衣环节不透明，用户根本不知道自己的衣服经历了怎样的过程。同时，一方面是优质店长急缺；另一方面是行业逐渐重资本化。

2013 年，荣昌推出了 e 袋洗，通过去掉洗衣店这个中间环节，让用户直接面对洗衣间，这是互联网的去中介化给荣昌的变革带来的启发。一夜之间，荣昌关闭了线下的 1000 多家门店，将洗衣业务全部搬到手机上。e 袋洗在设计产品和体验时，考虑了传统洗衣行业消费者的痛点和行业弊端。

首先，在衣服收取环节通过将服务植入微信，直接微信预约上门，轻松搞定。通过使用专用的帆布袋收取顾客衣服并且用袋计费的方式，去掉烦琐的流程，不当面检查与分类定价。

其次，在衣物的清洗过程中，通过优质的服务商对衣物进行清洗、消毒、杀毒、熨烫等。

再次，每一个服务状态由之前的被动查询到现在的微信主动推送。最后，通过将服务标准化，首创按袋计费新模式，99 元 / 袋，线上下单，形成规模效应，边际成本递减。

99 元一袋衣服任意装，这种做法即好玩，又很实惠，也让 e 袋洗迅速推广开来。"众包 + 外包"是 e 袋洗的核心商业模式。 取送人是用小区里面闲着的人，把衣服取了，然后交给洗衣店送洗。现在荣昌拥有将近 10000 个小区的众包人员，分享的是洗衣店的充分供给。市场上洗衣店特别多，公司在选择众包人员和外包的时候采取淘汰打分制度。

所谓的外包，即与洗衣店、洗衣工厂合作的模式。身处洗衣行业 25 年，张荣耀对洗衣行业品牌的优劣有深入的了解。

洗衣最大的成本不是洗衣本身，而是房租、人员工资、设备折旧，洗衣的直接成本其实只占不到 10%。对于 e 袋洗而言，选择高端与低端店面合作成本差别不大。因此，为保证洗衣品质，在加工商的选择上，e 袋洗为加工商制定了"123"洗衣法和严格的质量把控"365"标准。除了基本的资质、品牌、店面面积外，e袋洗对加工商使用的设备，技师的等级水平、工作年限，店内员工数量，清洗流程等均有着严格要求。

所谓"众包"，即以社区为单位招募配送人员，以其生活区域为中心，取送周边方圆2千米以内用户下单的衣物。众包工作时间自由且轻松，没有技术门槛，尤其适合40/50/60等年龄段的中老年人群，而这一人群是将属地化就业落地的最佳人群。同时，社区内的邻居大妈配送，会让用户感觉亲切和谐，也会增加服务的安全性，有利于提高我们的用户满意度。

在社区大妈们收货之后，有两种途径开展后续的洗衣工作。（1）由e袋洗的统一物流配送来收，然后运输到统一的集中化工厂清洗。北京周边有10家这样的工厂。（2）就近送到和e袋洗合作的洗衣门店中清洗，目前北京有100多家自有和合作门店。

由于O2O是一个闭环，要对用户的服务体验全程负责，同时O2O模式下日订单量为传统店面的几百上千倍，所以自然承担更多的投诉。e袋洗通过筛选加工商，整体洗衣质量比市面洗衣店的平均水准要高很多。e袋洗的日订单将近10万单，相当于5000个甚至更多传统洗衣店的日订单量。尽管投诉率低，但订单基数大也会导致投诉较多，同时e袋洗是线上服务的产品，投诉在网络上会集中和放大。面对投诉，e袋洗会以最快的速度和超出行业的标准来赔付处理，做到让用户满意。

日本式的中央洗涤中心模式亦在去年被荣昌借鉴。通过导入自动化的洗衣流水线，工厂完成从洗衣到熨烫、分拣输送的全过程，并能加强对污水、废气的集中处理，降低能耗。但中央工厂对物流集散和洗衣订单量的需求极高，拓展不易，在新城市的投资风险高。即便是荣昌洗衣，也只在大本营北京尝试了中央工厂的模式。

北京的中央工厂更多针对团体客户的大批量衣服洗涤，按每日三班的频率，满负荷运转下，工厂的日处理能力达15000件衣物。而在一家普通门店，一天300件已是高负荷运作。一般商圈和社区周边收来的衣服，还是通过"一带四"的模式进行清洗 。以"一带四"模式为核心，洗衣产品链条上的利益分配被重新塑造。其一，是改变了供应商博弈的砝码。"简单点说，就是与房东的关系"，十几平米的轻型小店，搬迁的成本较低，可以更为灵活地应对房东涨价的要求。其二，客户之间的关系被重新定义。

老荣昌门店变轻后，张荣耀打算进一步改造它们的业务形态："未来我要把洗衣店变成居家服务站，在服务站里除了洗衣、改衣，窗帘、地毯、沙发清洗等居家清洗服务，还有最后一公里，修拉锁、修鞋、钟表修理等服务，这个服务站要基于移动互联网。"

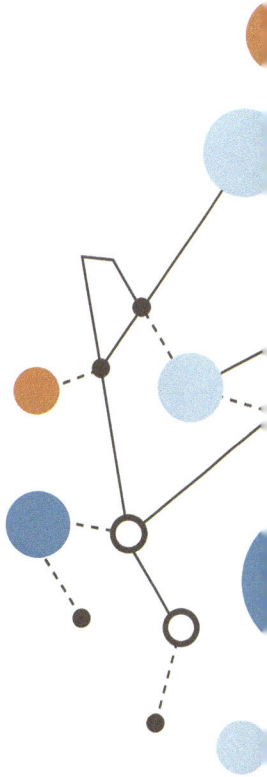

airbnb

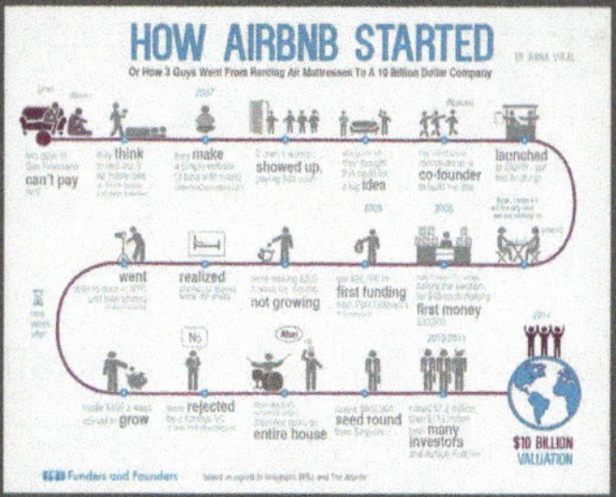
HOW AIRBNB STARTED
Or How 3 Guys Went From Renting Air Mattresses To A 10 Billion Dollar Company
can't pay
think
make
showed up.
idea
co-founder
launched
went
realized
not growing
first funding
first money
No
rejected
grow
entire house
seed round
many investors
$10 BILLION VALUATION
Funders and Founders

应用拓展

　　2007 年 10 月罗德岛设计学院的毕业生乔·吉比亚和布耐恩·切斯基蜗居在旧金山的一个阁楼里。当时设计界的一项大会即将在旧金山开幕。很多慕名而来的参展商和游客都租不到称心如意的旅馆房间。乔·吉比亚和布耐恩·切斯基决定把客厅空出来给游客住，再用游客交的房费来交房租。吉比亚负责从壁橱里拉出几个被束之高阁的气垫床，切斯基则负责在当地的网站上发出出租广告。就在那个周末，三个前来参展的年轻人成功地入住了他们的客厅，这个月的房租因此也有了着落。

　　吉比亚和切斯基很快就意识到这是一个不错的商业模式。房东可以充分地利用闲置资源，房客也能够体验到家一样的服务。于是，他们决定做一个网站让有相似情况的人都能享受到这种个性化的服务。不久之后，第三个共同创始人、技术出身的纳森·布林克兹克加入。2008 年 8 月，Airbnb 诞生了，主要为房东和旅行者提供线上交易。

　　2008 年，奥巴马在科罗拉多州的丹佛发表十万人演说。当时全市只有 3 万余个旅馆房间，于是 Airbnb 适时地选择再度在公众面前高调曝光，一度获得了极高的流量和关注。

　　Airbnb 最初碰到的困难在于如何说服用户拿自己的房子出来出租。因为 Airbnb 不同于很多创新企业的一点是，它并不是某种现有产品的改良，因为不存在现成的市场。而为这样一种新的服务拓展市场时，需要改变的就是人们的习惯和生活方式了，但要让人们认定这是一种需求，也需要时间和技巧。三个创始人以搏一搏的心态加入了被《纽约时报》誉为"硅谷的创新企业制造机"的企业加速器（Y Combinator，美国著名创业孵化器），才算给 Airbnb 注入了一针强心针。企业加速器创始人之一保罗·格雷厄姆告诉他们："虽然你们想要建立的是网络公司，但开始不成规模并不是问题。换句话说，创建公司之初，首要的是挽起袖子自己做，成功形成模式后，规模自然会增长。"此外，还建议他们有时间多去会见自己的客户。

　　Airbnb 创始人受此启发，开始把关注点集中在单个市场突破。纳森、吉比亚和切斯基来到纽约后，开始和仅有的两三个房东打电话，并上门给他们的房子拍照。在和这几个房东建立联系后，还邀请他们去喝一杯，建议他们更好地在 Airbnb 上展示自己的房子，并和他们讲述自己的故事。

　　渐渐地，Airbnb 开始在纽约有了 20 ~ 30 间出租房，他们都有漂亮的

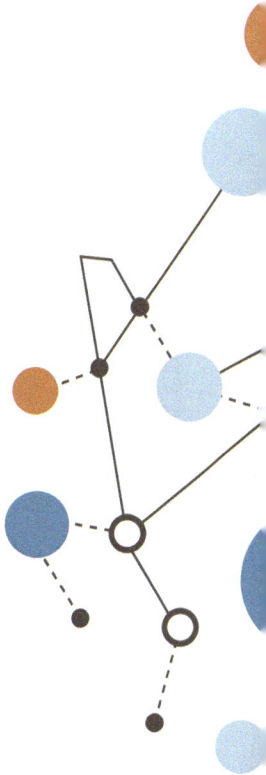

照片、合适的价位、详尽的描述。来纽约旅游的人，如果觉得酒店非常贵，就会通过 Airbnb 网站找到这些房子，并在网上预订。很快这个基数就不断扩大了。有些房东也真正开始赚钱了，他们带来了进一步的口碑传播。而这个时候，他们的朋友也会开始尝试着注册成为房东，或是去尝试运用 Airbnb 预订房间。而旅游回家的人，包括来自巴黎、柏林、北京等地的游客也开始传播。于是 Airbnb 的用户就这样一点点的累积，口碑也渐渐建立。7 年之后，当年的 Airbnb 已经成为享誉全球的大公司。其夜间租住的房间预订量甚至一举超过了酒店巨头希尔顿。

2015 年 Airbnb 在全世界 190 多个国家拥有一亿两千万个房源，平均每晚有 40 万人住在 Airbnb 提供的房间里。在 2016 里约奥运会期间它还成为了房源的提供商。

1 号店网站作为企业同消费者互动的门户网站，每天承载着上千万的商品点击、浏览和购买，汇集成了海量的数据。对于 1 号店来说，这是改进运营的依据。

对于电商企业，如何从互联网上引入流量到自己的网站是运营的起点。首先，用户从哪里来，关键在于三个维度：第一，从哪些渠道来；第二，从哪些地区来；第三，来自哪些用户群，新用户还是老用户。这三个维度的分析直接决定着 1 号店后续引流资源的投入，而这都根植于 1 号店对于顾客行为的大数据分析。

1 号店通过网站收集的海量顾客痕迹，能发现带来更多流量和需要加强的渠道：微博、论坛还是门户网站，从而不断地调整营销投放，如发现哪个渠道可以投放更多广告，哪个渠道有潜力，却没有被充分挖掘。

在分析顾客从哪些地区来方面，通过网站上顾客来源痕迹的大数据分析，可以发现那些销售增长快与增长慢的区域，相应调整不同地区市场营销的费用；在顾客是新用户还是老客户方面，如果网站浏览和购买数据更多来自老客户，就可以相应降低市场费用。

1 号店除了通过大数据方法对消费者分类建模外，还创造了一种购物清单模式。1 号店的搜索框旁边有一个购物清单。消费者在 1 号店曾经购买过的商品都显示在购物清单上，消费者还可以另行添加。这对于消费者而言，方便购买；而对于企业，购物清单就是一种反映消费者需求的大数据。通过购物清单的数据，1 号店按照消费者的购买周期，对消费者进行营销推荐。比如，一个顾客看了商品后，没有买，但加入了购物清单，当商品打折后，1 号店就会及时向顾客进行推送。

顾客进入 1 号店后，就进入引导顾客购物的阶段。在这个阶段，如何提

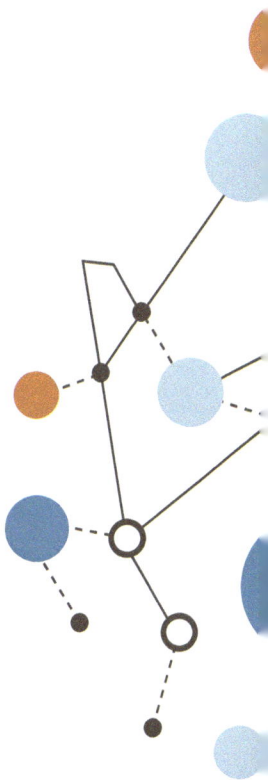

升每个顾客的购买金额，并在此过程中，实现商品和各种资源的最优配置，是运营的关键。大数据又一次成了 1 号店的抓手。首先，1 号店网站改进，包括图片、网页设计，完全以顾客点击和浏览等行为痕迹的大数据分析为依托。不仅如此，在与消费者互动过程中，1 号店也应用大数据。

像一些商场的导购员一样，在消费者浏览网站商品的过程中，1 号店会给消费者一些提示推荐，根据消费者之前的浏览和购买行为，1 号店的系统能判断出消费者可能喜欢什么商品，给以相应的提示。再如，根据消费者是搜索商品还是浏览商品，1 号店可以初步判断出其是目的性很强、时间有限的购买者，还是时间充裕、目的性不强的购买者。对于前者会直接推荐商品，对于后者，则不断刺激其购买行为。

顾客购买商品后，进入了后续物流和配送服务。在这个阶段，如何实现最佳的供应链效率，减少仓储和配送成本，提升配送速度，是电子商务企业运营的命脉。如何实现更高效的拣货，是影响物流效率关键的一环。1 号店创造了一种高效的拣货方法——拨次拣货。顾客一次往往会购买若干个商品，如果一个订单拣一次货，拣货员可能会反复经过同一货品区域，浪费大量时间。所以 1 号店将若干个货品所在区域接近的订单合在一起，这样拣货员到一个区域就可以将一拨订单相关的所有货品都拣出来。在拨次拣货中，如何让拣货员走更少的路，就需要依靠大数据分析。首先，1 号店利用大数据分析，找出商品重合度最高的订单群，比如消费者买同一个品类的。其次，在摆放货品时，将消费者经常一起购买、聚合度较高的商品放在一起，如可乐和薯条。这种建立在大数据基础上的物流安排极大提升了拣货效率。目前 1 号店平均一单有 16.7 件货，员工拣一单货只需不到 80 秒的时间。

在配送中，如何提供相应的服务选项、如何收费，也建立在大数据分析的基础上。1 号店最新的配送服务为"一日四送，一日六送"，可以让消费者指定专门的配送时间。消费者是否喜欢这样的配送服务、会不会用，完全依靠对于用户痕迹的大数据分析。1 号店会看点击这个选项的消费者有多少人、用这个服务的有多少人、点击和最后实际使用的比例。如果点击不多，则代表这个配送服务不吸引人；如果点击的多，实际使用的不多，这可能代表这个服务的费用高一点，需要考虑调整费用。

对于企业而言，消费者购买行为结束并不意味着终结，还希望将消费者变为自己的忠实顾客。在这个阶段，1 号店也在充分发挥大数据的威力。1 号店发现，购买三四单以后，消费者的忠诚度变得相当高。为此，需要不断推动顾客跨越这个门槛，但首先要找出哪些顾客最有可能。

1号店用大数据分析筛选出这样的消费者，相应地通过一些优惠和积分换购，刺激这些消费者的购买欲望，推动其购买第三单、第四单。1号店同样依靠大数据的挖掘和分析，来减少顾客流失，对那些可能流失的顾客，通过一些定向的唤醒和挽留动作来刺激，顾客过生日了，会祝贺其生日快乐，或者发一些促销信息，重新唤起顾客对于网站的感知。时间的把握也依靠对顾客购买周期的大数据分析，时间过早，可能做无用功，唤醒时间过晚，有可能来不及。

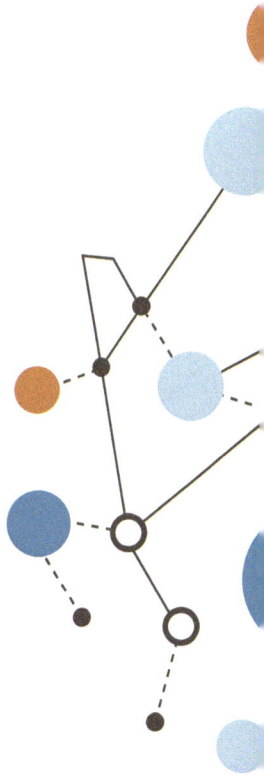

参考文献

1. （瑞士）亚历山大·奥斯特瓦德（Alexander Osterwalder），（比利时）伊夫·皮尼厄（Yve Pigneur）. 商业模式新生代. 王帅，毛新宇，严威，译. 北京：机械工业出版社，2011.

2. 彼得·蒂尔，布莱克·马斯特斯. 从 0 到 1. 高玉芳，译. 北京：中信出版社，2015.

3. 埃里克·莱斯（Eric Ries）. 精益创业. 吴彤，译. 北京：中信出版社，2012.

4. （英）维克托·迈尔 -舍恩伯格（Viktor Mayer-Sch nberger），（英）肯尼斯·库克耶（Kennet Cukier）. 大数据时代. 盛杨燕，周涛，译. 杭州：浙江人民出版社，2013.

5. 杰里米·里夫金（Jeremy Rifkin）. 第三次工业革命. 张体伟，孙豫宁，译. 北京：中信出版社，2012.

6. 阿里研究院. 从 IT 到 DT. 北京：机械工业出版社，2015.

7. 尼古拉斯·克里斯塔基斯（Nicholas A Christakis），詹姆斯·富勒（James H.Fowler）. 大连接. 北京：中国人民大学出版社，2013.

8. 克里斯·安德森（Chris Anderson）. 免费. 北京：中信出版社，2015.

9. （美）克里斯·安德森. 长尾理论. 乔江涛，石晓燕，译. 北京：中信出版社，2006.

10. 克莱顿·克里斯坦森（Clayton Christensen）. 创新者的窘境. 北京：中信出版社，2014.

11. 陈威如，余卓轩. 平台战略. 北京：中信出版社，2013.

12. 马化腾，张晓峰，杜军. 互联网＋国家战略行动路线图. 北京：中信出版社，2015.

13. 《互联网时代》纪录片. 中央电视台.